freedom

my book of *firsts*

自由：
我生命中
遲來的第一次……

jaycee dugard
潔西・杜加——著
謝濱安 譯

獻給我的媽媽
以及所有懷抱希望的「月亮母親」！

〈推薦序〉

自由：我生命中遲來的第一次

李俊毅（高雄長庚醫院精神科系主治醫師）

與其說人一輩子在追求什麼，不如說人終其一生不過是在尋回失去的什麼，只是有些人失去的特別不一樣，不一樣到一般人只能想像，甚至連想像都難。潔西，何其無辜，經歷了一段一般人無法想像的災難，這個災難整整剝奪了她十八年的黃金歲月，而她今年才三十七歲，如今，她正踏上尋覓失落人生之旅，然而，「十八年真的有辦法彌補嗎」？這是沒人敢回答的問題。

潔西在十一歲時被綁架，監禁，性侵，產下二女，直到二十九歲被救出，這段不幸的遭遇形諸於文字發表在她的第一本著作《被偷走的人生》。書中不慍不火的筆調隱約透露出潔西面對這般困境特別需要的冷靜沉著，這或許映照出她習於小心翼翼淡化卻不澆熄內在恐懼的企圖，我的想像是，這很關鍵地維繫著禁錮在心靈黑牢中必要的求生動力，尤其是精神存活（psychic survival）這一區塊。「我的恐懼潛得很深，那種感覺難以形容。大多時候我不會感受到它，但它確實在我體內，恐懼使我得以存活。」這段作者的現身說法，足以說服對於精神分析後設理論的經濟學觀點有疑問的人，這也是臨床工作者經常面臨的難題，如此深刻的心理衝擊通常在與蒙受重大創傷個案近身相處才感受得到，可以想見潔西的文字承載著許多難以言喻、無以名狀的恐懼，而如此強烈感染力的恐懼足以摧毀一般人的思考能力，也癱瘓了許多人的想像能力，讓思考維持在原始、未成形的樣貌。潔西在書中多次提到搭車經驗，道路非常狹窄，自己的車子與交錯而過的車子擦肩而過的險境，我好奇的是，這到底是確有其事，還是根本就是潔西內在恐懼的外化，還是兩者皆有？

潔西總算倖存下來了，幾年之後，她發表了新書《自由：我生命中遲來的第一次》做為她心靈重建之路的忠實紀錄，同時也讓潔西在情緒相對平穩的狀態下有機會自我剖析獲救前後的心路歷程。潔西在書中侃侃而談許多遲來的第一次，重獲自由後許許多多的第一次，這些都是她早就該擁有的，但是，不要忘了，她還有更多不該這麼早擁有的，這些滿佈傷痕的過去，會不會讓她在復原路上荊棘遍野，長路漫漫？我多慮了嗎？因為潔西還很爭氣地活出她的新生活，不但實現了作家夢，也創立一個宗旨為「讓我們主動關心他人」的ＪＡＹＣ基金會，還擁有自己的馬，並且出席各種學術研討會，參與海外志工團體……等等，一切顯得美好又幸福，幾年之後潔西似乎回復正常生活了。只是潔西的生活日常卻經常無意間洩露出令人惴惴不安的信息，不論身處何方，彷彿任何所見所聞都可能不預期地連結到過去的創傷情境而被賦予特殊意涵，山雨欲來風滿樓的詭異氛圍格外讓人騷動不安。

潔西對於松果莫名著迷，心理治療師蕾貝卡的解釋很具說服力：「它一定是菲利普把妳拖進車裡之前，妳最後碰觸的東西」！認同這個因果關係之後，她認為自己會將這轉化成全新生命的有力象徵，我不反對這樣的說法，只是，我要點出另一種可能：藉由癡迷於松果，潔西無意識地將自己牢牢固著於創傷情境中，這很類似於「情境再現」（flashback），這可以藉由幻想，行為，或是夢。說到夢，潔西確實描繪了幾個關於創傷情境的夢，例如：「我和女兒又成了菲利普的囚犯……」，又如：「……在被綁架之後，我確實作了一些跟走路有關的可怕夢境……我一直夢到同一個關於『走上跳板』的夢……」，再如：「……我作了一些和菲利普有關的噩夢，我把它稱作『陰影夢』……」這類與創傷情境直接相關的夢境當然值得深入分析，不過那應該是在診療室中的工作。潔西稚氣的臉龐，身高僅有五呎，似乎創傷也強迫將她的生理特徵固著於小小的年紀，不再成長了，如同心智狀態受到的影響一般。潔西在各種學術或是非學術場合的開場白總是挑明：「我從未，我從未愛上監禁我的犯人！」她極度痛恨所謂的「斯德哥爾摩症候群」這種醫學診斷，不管潔西符不符合這個診斷，即使身為一個精神科醫師，我其實鑾贊同她的觀點，我極度反對當今精神醫學存在這種「給我診斷，其餘免談」的對號入座式問診態度，為了表面診斷，我們已經失去太多太多內涵了。

「這不是小女孩失蹤的故事，這是關於一個年輕可愛女人重新回到真實世界的故事」，好療癒，好鼓舞人心的一句話，不是嗎？潔西被這個真實世界的人們如此樂觀祝福著。問題是，對於潔西，什麼才是真實世界？特別是在被囚禁十八年之後。來聽聽潔西的說法：「長大成人後，我瞭解真實世界的人們不會自動去愛你或喜歡你，為了讓別人喜歡你，你得先付出努力，先喜歡你自己。動物就不一樣了，嗯，我傾向於這麼想，我覺得牠們無論如何都會愛我」，沒錯，這正是潔西心中的現實世界，心靈受到傷害之後，人與人之間的依附關係扭曲了，信任感被破壞了，內外在世界充斥著疑心、偏執、不安全感，甚至還得嘗試去理解什麼是「正常」。「獲救後有好一段時間我真的這麼覺得，像是所有眼睛都注視著我，卻又同時感到自己根本不存在」，這是一種受創後特有的的原始焦慮，彷彿內心瀰漫著排山倒海而來的毀滅能量，潔西此時此刻必須維持這種錯覺，讓自己隨時保持警戒，因為（內在）危險將隨時來臨，必得將周遭所有人視為敵人，絲毫不能讓自己鬆懈下來，以維持內在心智活動的平衡與完整性，如此心理防衛的極致大概有兩種結果，一是由錯覺進入妄想或是幻覺狀態，這可能喪失現實感而進入攻擊行為的精神病狀態，另一種機轉是讓自己是進入解離狀態（dissociation），那是一種垂直的意識分裂現象，亦即進入另一種意識空間，有如人間蒸發般完全避開當下無法承受的壓力，這包括身體與精神層次的逃脫。

佛洛伊德在〈哀悼與憂鬱〉（1917）[1]一文提及，當自我無法正常哀悼失去的客體時，傾向於將失去之客體內化，從此客體的陰影籠罩在自我身上，自我因此產生質變，亦即，這個自我已經不是從前的自我了。獲救後的潔西（自我）竟然無法讓傷害她的菲利普（客體）從心中遠去？是的，自我與客體的關係愈衝突，愈複雜，愈牽扯不清，彼此愈難打從心中徹底分開，這種矛盾情境的案例分析在臨床工作中俯拾皆是，在各類創作媒材中也唾手可得[2]。這樣的影響出現在潔西的親密關係上，她在書中多次自問自答：「你或許在猜我還能不能跟男人交往。好問題，但我很難給你答覆，因為我無法預知未來，哈哈。我沒有積極追求愛情，也拒絕使用交友網站。我覺得自己絕對能夠談感情，我受過的傷並沒有嚴重到讓我完全排斥這件事」，她同時也談到：「被囚禁的經驗會對人產生某些影響，不敢冒險就是其中之一。……我也想過戀愛可能是一種冒險，不知道我會不會有談戀愛的一天？」在親密關係上，潔西的遲疑與渴望並存，我想這一時之間很難找到一個平衡點。我很認真地說，潔西恐怕無法輕易甩開那段菲利普帶來的創傷記憶，不過，我絕對相信潔西有足夠的心理潛能來對抗這樣的內在干擾。

「我現在的每一天，以及我的自由是美麗的，當我看向鏡子，已經不再看見那個破碎的孩子，不再是菲利普試圖創造的那種他自認的美。不，我已經看不到她了，我只看到我內心的美麗。」在這本書裡頭，潔西努力展現無比強韌的的生命力，積極開創歷劫歸來後的嶄新人生，畢竟失去的親密關係，包括她與母親，她與女兒，她與周遭人，不是一朝一夕可重建或是修補的，這其中的愛與恨，可能永遠也說不清楚。最後一個章節，潔西失去一隻從監禁地「後院」帶回的貓，她親自埋葬了牠，我願意相信這是潔西揮別過去傷痛的方式。

1 Freud, S. (1917). Mourning and Melancholia. SE14. 237-258.

2 《靈魂的缺口：診療室外的憂鬱》李俊毅等著，無境文化，二〇一六。

致謝詞

我要感謝寫這本書時獲得的無數支持與鼓勵。感謝莫特和我的發行人強納森，他們不止一次，這是第二次他們讓我用自己的方式講故事，並相信我做得到，即使有時候我會自我懷疑。

感謝媽媽，你以身教教導我保持耐心並對我懷抱著無條件的愛。感謝緹娜阿姨，你總是與我分享美好的事物。感謝我的妹妹，你的內在和外表都非常耀眼，你總是走進房間裡對我說你為我感到驕傲——嘿，女孩，我也為你感到非常驕傲！感謝我的兩個女兒，為了你們我在四十歲之前就長了白頭髮，但也是你們在不斷提醒我什麼是真正的堅強：你們兩個帶給我無比的驕傲。

我也要感謝在我與家人經歷這件可怕/巨大的冒險時，所有將愛傳遞給我們的人們。

我要感謝猴仔和南妮山羊，你們總是支持我，為我付出了許多。我無法想像少了你們任何一位的人生，會是什麼模樣。

最後，我要感謝在我的人生中使我能夠走到今天這一步的每一個人。是每個片刻的累積，每個人的幫助形塑了我，完整了這個故事。能擁有你們做為我的愛的核心成員，我真的好感激。

目錄

freedom

my book of *firsts*

freedom

my book of *firsts*

目錄

序言

唯有當你看見事物滑稽的那一面，你才能夠真正堅強。

——佚名

嗨，又見面了。我要感謝讀過我的第一本書《被偷走的人生》的人，你們給了我巨大的支持。或許有些人——你知道自己是不是——還是記不得我是誰。不，我不是達格家族[1]的一員，我沒有十八個兄弟姊妹。讓我們把這件事搞清楚：我的姓氏是**杜加**（DUGARD）。

很多人會將我的故事和伊莉莎白・斯馬特[2]搞混，我要強調一下，我不是伊莉莎白・斯馬特。雖然我們都有一頭金髮，但我們的生活軌跡和經歷是非常不一樣的。我是被綁架「十八年」的那一個！並非幾個月而已。我不是說她經歷過的事不如我的悲慘。我不是在和她做比較，但有些人會拿我們做比較。

1 《十九個孩子不嫌多》（*19 kids and counting*）是美國「生活旅遊頻道」（TLC）一個實境秀節目，紀錄保守基督教家庭達格（Duggar）一家人的日常生活。

2 伊莉莎白・斯馬特（Elizabeth Smart）在二〇〇三年三月於鹽湖城自家房間遭人綁架，九個月後獲救，當時年僅十四歲。

無論你相信與否，有時候我也會被錯認成那些在克利夫蘭遭受阿里爾・卡斯楚囚禁的女孩之一[3]：阿曼達・貝瑞、吉娜・德黑瑟斯和蜜雪兒・奈特。她們分別被這個喪心病狂的男人監禁了許多年，我不知道怎麼有人會把我和這幾位勇敢的女士搞錯。

在我們剛獲救時，要我將我和女兒們經歷過的遭遇轉換成語言是很難的事。當時我真的不是能夠侃侃而談的那種類型，在過去那十八年的監禁期間，大多是菲利普藉由演說或每日布道的形式對我們講述他的想法，通常我都只跟女兒們說話。因此，突然之間有那麼多人跟我說話讓我難以招架，我只跟他們說了發生事件的最基本部分。直到遇見蕾貝卡・貝利後，我才真正地敞開心房。

我記得當時我們坐在她和她的團隊為我租下的住處後院裡，只有我們兩個人，那是我跟她見面的第一天。我馬上告訴她，說明整個事件的經過會讓我不舒服。那個後院的四周圍著籬笆，但我們能聽見隔壁鄰居正在庭院裡工作的聲音。我聲明不想談之後，她告訴我說沒關係。我們就坐在那邊，大概過了一秒或兩秒，突然之間話語就從我的口中傾瀉而出。或許是因為她願意陪我坐在那裡，也或許是，我感覺到她不會對我做任何批判，總之，一切的故事就這麼從我的口中說了出來。在某個時刻，蕾貝卡極力阻止我繼續說下去，她注意到隔壁的噪音不見了，只剩下一種明顯的靜默，我們都知道有人正在偷聽我們說話。我們一起笑了出來，決定休息一下。不過當時我已經跟她說了很多事，內容大致如下……

一切起源於南太浩湖一個清朗明亮的日子，我當時十一歲。那是很普通的一天，跟我短短十一年生命中的無數個日子都一樣。接著一切都走調了，於我和我的家人都是如此。我走向校車站牌，有輛車尾隨在我後面，接著橫停在我的前方，切斷我逃生的去路。一開始我並不害怕，沒有害怕的理由。我對接下來即將發生的事根本毫無防備。

坐在駕駛座的男人開窗向我問路。在我還沒回答前，他就把門打開，用一支電擊槍攻擊我（當時我不知道那是什麼，只知道它使我對自己的雙手和雙腿失去控制）。我往後跌入小樹叢中，嚇壞了，我試圖往後爬，但根本無路可逃。這個可怕的男人走近我，我無處躲藏，他把我拖進車子裡，我試圖抓住地上任何搆得到的東西。（多年後，在療癒的過程中，我才想起我最後碰到的東西是一顆松果。松果象徵了我的新生，也成為我基金會的標誌。）那個男人把我丟在後座，有另一個人等在那裡，在我身上蓋上厚重的毛毯。（後來我知道這個人是南希．加里多，菲利普．加里多的妻子。）這個人壓制著我，我幾乎無法呼吸，我知道我昏迷了好一段時間。

這是好多年以前發生的事。儘管我恢復了，現在已經三十多歲，閉上眼睛，這些事仍像昨日才發生一般歷歷在目。這些畫面已經深植在我的心裡無法抹除。我選擇不讓它們影響現

3 二〇一三年五月六日，美國警方於俄亥俄州克利夫蘭市一處民宅發現失蹤長達十年的三名女子，分別是二〇〇二年失蹤的蜜雪兒．奈特（Michelle Kight）、二〇〇三年失蹤的阿曼達．貝瑞（Amanda Berry），以及二〇〇四年失蹤的吉娜．德黑瑟斯（Gina DeJesus）。犯人為阿里爾．卡斯楚（Ariel Castro）。

在的人生，我決定製造全新的、更棒的回憶。這些回憶最終將壓過那些不好的回憶，直到它們化為煙塵，再也無足輕重。

那是我人生最長的一段車程。我記得我對自己尿濕褲子感到羞愧，後來我才知道那是電擊槍造成的。關於所有可怕的經歷以及最終成功獲救的細節，可以在我的第一本書《被偷走的人生》中看到。我的第一本書敘述的是我要讓人們聽見的故事，人們該要了解，該感到羞恥的不是我，該感到羞恥的是那兩個人——菲利普與南希．加里多。那本書的書寫於許多面向療癒了我，其中有些部分甚至是我在與心理治療師蕾貝卡進行療程時寫下的。

這第二本書不一樣，這是我的新的故事。在裡頭，我可以是任何我想要成為的人，而非其他人要求我成為的模樣。

這些年來，這個問題被問了好幾次……

「潔西，你準備如何重建你的人生？」這個問題過去幾年來一直伴隨在我身邊。有很長一段時間我不知道該怎麼回答，我自問：我現在知道答案了嗎？

假如你該從何處著手都不知道，要怎麼為自己和孩子建構人生？

- 你要如何重建人生？
- 你應該按它曾經該有的模樣重建嗎？你該按小時候生活的模樣重建嗎？
- 我要如何建構一個自己不曾期盼能夠實現的生活？

問題這麼多，但沒有答案……

如果現在有人問我同樣的問題，我會說：

嗯……一天一天慢慢來。

一秒一秒來，一小時一小時來，一天一天來，一個月、一年……所有的片刻與每一個人，累積讓我得以建構，得以生活在這個擁有自由和選擇權的新人生。

這就是答案嗎？我不知道，但為了與你分享，我必須構築一張圖像，包納我現今生命中擁有的瞬間。這些瞬間形塑了我，我希望能與你分享這些創造我新生命的每一個瞬間。這些看似微小的時刻其實意義重大，每一件事都幫助我更加了解現在的自己。

假如菲利普和南希．加里多沒有奪走我平靜的生活，我的人生會如何，我會想知道嗎？我很想知道！不過事情就是發生了，我沒辦法要回過去的人生。我只能靜靜地前行，開創未知的領域。真要說的話，我認為自己已經做得很好了。事實上，我不真的覺得自己很特別，我相信任何人都能從我所經歷的事中存活下來。你該做的是相信自己會沒事。這是我的選擇，我希望自己過得好。

我是一夜之間就恢復的嗎？不，它需要時間，求助和諮商是必要的。和別人交談是有幫助的，我的那個人是蕾貝卡．貝利博士（Dr. Rebecca Bailey）。她是「過渡家庭協會」的創辦人，過渡家庭協會藉由馬來幫助受創的家庭成員重新凝聚在一起。

我的女兒當時從沒見過我的其他家人，同樣地，儘管媽媽和其他人認識我，他們也都沒看過我的女兒們。蕾貝卡和她的協同治療師——珍，對我和我的家人幫助很大，珍是我的ADL助手，ADL是指「日常活動」（activities of daily living）。相信我，我缺乏很多機會學習對一般人而言很正常的日常活動，例如她教我如何在記帳上平衡收支，甚至教我怎麼獨自採買生活用品。她是我生命中很重要的一個人。

我們需要這個團隊的引導來學習與彼此建立連結。你可能會想：嘿，有這麼嚴重嗎？你應該為自己的自由感到開心才對。我當然很開心！幸福是我們的最終目標，最大的願景，但當時我們對彼此而言幾乎是陌生人。跟馬一起做些看起來很可笑的運動確實能讓我們學會新的技巧，藉此與對方建立恆久的關係。大廚查爾斯是蕾貝卡的丈夫，同時是過渡之家的廚師，他也是我們恢復過程中不可或缺的人。他不僅介紹各種美味的新食物給我們，也是首位和我的女兒們相處的男性，除了她們的父親之外。我認為，在最初的那段日子裡，查爾斯讓她們了解一個男人並非只會跟她們那個專橫、充滿占有慾、自我中心、極端自私、自戀、神經病的父親一樣糟，男人也可以這麼好。這讓她們在獲得自由的這些年來得以擁有健康的情感關係。

我可以告訴你，這並不容易，但每一個瞬間都伴隨著情感和回憶，有些值得和人分享，有些保留給自己。有這麼多的「第一次」……我該從何說起……十八年來第一次看到我的媽媽，第一次與已經長大的妹妹碰面，第一次擁抱緹娜阿姨，自從我回來後，我們每年都到迪士尼樂園幫她慶生；第一次和杜加家族一起烤肉，幫女孩們決定該上哪一所學校，第一次看醫生，第一次和媽媽共享一顆焦糖蘋果；第一次學開車，得到我的第一台汽車，第一次搭飛機去和老朋友重逢。有一些「第一次」已經寫在我的第一本書《被偷走的人生》裡頭。重獲自由的這麼多年之後，有哪些新的事件發生在我身上？讓我們一起來看看……

帶我飛向月球

我第一次搭飛機是在六歲的時候，當時我媽有個飛行員男友。我記得那是架小飛機，我吐了，這當然不會是什麼最有趣的體驗。我從未再搭過飛機，直到十八年過後，我獲救之後。

第一次搭大飛機時，我擔心自己會像小時候一樣暈機。不過，對於這項全新體驗的期待，遠遠壓過了心中的恐懼。管它會不會反胃，我就是想飛！

我被監禁在菲利普和南希的後院很長一段日子，有大把的時間作夢和幻想。我的其中一個幻想是像彼得潘一樣有飛行的能力，我常想像自己利用一點精靈粉飛回家——蹦！……小仙子，你在哪裡？即使我流下眼淚，但她從未現身。

我也會想像自己有一天成為空服員，飛行穿梭在城市與城市之間。我認為這樣子看世界一定很有趣，從倫敦到巴黎、義大利、埃及，我一直很想很想去看看金字塔。後來我也真的去貝里斯看馬雅文明的遺跡，當時我們一群人前往一個名叫「猴河」的小村落，幫助他們在颶風的重創後重建家園。我們參觀了名叫「阿頓哈」（Altun Ha）的金字塔，意思是「石頭之水」。它大得非常驚人，爬上金字塔頂部時，我感覺自己是個女王。我離題了，這個故事我之後會再詳談。

這趟旅行中也是我和南西・薩爾澤的第一次碰面。對處於復原初期的我們來說，不受媒體騷擾是很重要的保護，我們需要把注意力放在彼此身上，而不是一天到晚被媒體緊迫盯人地跟隨。曾經有人自願提供幫助，我們認為這個人值得信賴，結果卻不如預期，我們被纏上了。此後我便不曉得該去哪裡向誰求助。

蕾貝卡很想幫忙，但她不僅要忙我們的療程，還要奔波於各個機構和執法單位之間，處理針對菲利普和南希・加里多的訴訟案——也就是囚禁我們的人。蕾貝卡的姊夫是位演員，他了解我們的困境，於是介紹一位值得信賴並擅於處理公關事務的女士給我們認識。蕾貝卡將這項訊息傳給我和我媽媽，我們聯絡了南西・薩爾澤，告訴她我們的故事。我們向她求助，感謝她願意幫忙，她表示她會保護我們免於媒體的跟蹤和騷擾。後來的一切便如你所見，她真的做到了。

飛行當天，我們在機場的停車場見面，在警衛的護送下走一條特別的路線進入機場，以避開躲藏在暗處的記者。當時我的故事還很熱，受到高度注目。陪我踏上旅程的是我媽媽和治療師蕾貝卡。

我記得登機後，空服員詢問我是否符合坐在緊急逃生口位置的年紀。她這樣問真的很可笑，我心想。她說我看起來像十五歲。不，我回答，我已經三十歲了！這讓她大吃一驚。顯然我的外表跟實際年齡有差距。直到今天依然如此，有一次我去好市多購物，他們端出一些試吃產品，我拿了一份看起來像是養生飲品的東西，服務的女士竟然阻止我，她說：「你要滿十八歲才能喝這個。」什麼？拜託……我已經三十五歲了！還有一次參加婚禮，敬酒時他們沒有給我香檳，竟然給我氣泡蘋果汁！拜託，各位朋友，我已經是個大人了！總之，我再次被搞糊塗了。後來那位空服員還是讓我留在了位子上。

法蘭克．辛納屈的〈帶我飛向月球〉（Fly Me to the Moon）經由廣播系統流瀉而出，我看著坐在我身邊的媽媽，對彼此露出微笑。這是我們的歌，法蘭克，帶我們飛向月球吧！這首歌幫助我更放鬆，從飛機加速一直到起飛，我都緊緊抓著扶手。媽媽問我感覺還好嗎？我緊咬牙關回答「還好」。總之，整趟飛行我的感覺還算不錯，我做一些深呼吸，直直盯著前方看。降落讓我反胃，我想下一趟飛行前得先吃個暈機藥。蕾貝卡推薦「導安錠」（Dramamine），自此之後我都會先吃藥，飛行也真的變得舒服許多。我還找到另一種順勢療法藥品「MoyionEaze」，對我的短程飛行很有效。

南西親自到機場接我們，見到她就好像跟老朋友碰面，感覺我們已經認識了一輩子一樣。事實上，我們已經先透過電話聊了很多事，我真的覺得自己已經了解她了，更重要的是，我覺得她值得信賴。因此，碰面那天我很自在，我知道她會支持我，會盡全力保護我和我的家人遠離虎視眈眈的媒體。當時她兩隻美麗的狗在車上興奮地歡迎我們，一切都毫無疑問了，我立刻知道她會是我一生的好朋友。

為了更加認識南西，我們決定為她取個暱稱。很可笑的是，有些名字就是會一直跟著你，對我來說「南西」就是如此。儘管「壞南希」只有一個，還是希望我生命中的新南西能有個新的名字，讓我不會聯想到舊的那一位。她說她小時候因為熱心助人，被叫做「南妮山羊」，後來在許多方面，她都像個保姆一樣，成為我的「南妮山羊」。

我們和南妮山羊在一起好幾天，她介紹一些人給我認識，他們後來都變成我生命中很重要的人。其中一位是麥可，我們的財務狀況由他負責照看；還有戴爾，後來他代表我和我的女兒參與國家賠償的訴訟案。相處的那幾天我們工作非常有效率，認識那些人對我來說也是一項全新的體驗。

返家的班機定在晚上，那是個小小的機場，我們有點遲到。前往登機門的途中，我忽然聽到機場在廣播我們的名字。「泰瑞．普羅賓、潔西．杜加、蕾貝卡．貝利，請盡速前往您的登機門。」蕾貝卡看起來很不安，她跑上前要求他們停止廣播。（請記得，當時媒體仍在追捕我們。當天有位小報記者跑到蕾貝卡的家中詢問蕾貝卡去了哪裡。那個記者對蕾貝卡十五歲的小孩宣稱他是聯邦調查局的人，他需要找到蕾貝卡。）猜猜看後來發生了什麼事？我們的名字被一次又一次地播送，卻沒人多瞧我們一眼。我身在如此顯而易見之處，竟然沒人注意到，多麼可笑！

我記得那天在返家的班機上，起飛時我抓著媽媽的手，她說：「看看窗外。」我說：「不，我不能看。」我不想要因為轉頭看窗外而反胃，而且飛離陸地那麼高是一件可怕的事。媽媽保證我會喜歡上我看到的景象，我才轉頭並睜開眼。我發現我沒有不舒服，因此再讓視線往外瞧，我看到許多鑽石閃閃發亮，卻不是在天上。它們在我的下方，美麗的鑽石在地面綻放光芒，而我在上高高地俯視。那一瞬間我忘了恐懼。我從未看過如此神奇的璀璨景色，甚至比夜空還要燦爛。自那時起，我就開始期待下一趟旅程。我還是會服用「導安錠」，但記憶中的那些閃耀的鑽石讓我開始享受飛行。快樂的回憶能幫助我們克服恐懼。為了飽覽這個世界，我總是希望訂到靠窗的座位，我從沒因為眺望窗景感到不適。

現在我已經搭過很多次飛機，甚至也有獨自飛行的經驗。第一次一個人搭飛機是相當有趣的冒險，儘管那個當下我並不這麼覺得。好一段時間我對獨自旅行感到恐懼，走丟怎麼辦？如果搭錯飛機，飛到一座陌生的城市呢？到時候我該怎麼做？我的媽媽和妹妹都鼓勵我嘗試看看，但前提是我已經覺得自己準備好了。我的妹妹再次指導她的姊姊，她跟我說獨自旅行很有趣，她認為無論發生任何狀況我都有能力處理好。面臨全新的處境和冒險時，這樣的鼓勵是最有幫助的。

不久後，我聽從了他們的建議和鼓勵。當時我們去拜訪妹妹，媽媽決定要多留幾天，而我首次嘗試獨自飛行。我覺得自己已經準備好面對新的挑戰了。

我的航程在達拉斯有一次轉機，我有過多次轉機經驗了，知道該怎麼做。因為起飛時有點延誤，我知道降落之後我必須跑去趕下一班飛機。為了做好準備，我還研究雜誌上的機場平面圖。從先前幾次的經驗，我知道達拉斯是個很大的機場，各個航廈間有接駁電車。第一次到達拉斯機場時，我參加的那個旅行團搞錯了電車，在最後五分鐘我們才橫跨整座機場趕上下一班飛機。我可不想再重蹈覆轍，尤其這次只有我一個人！坐我旁邊的先生看到我在看機場平面圖，給了一些有用的建議，還幫我規畫前往指定登機門的路線。對此我非常感激，我因為太害羞而不敢開口向他請教。

降落之後，我馬上用最快的速度跑向下一班飛機的登機門。我的行李已經托運，只要拿著皮包快速前進即可。我也順利搭上那可怕的電車，終於抵達登機門時，卻發現我的登機門已經更改了！搞什麼鬼！？我跑向下一個登機門，發現起飛時間延遲了。我稍稍放鬆了一點，但仍然上氣不接下氣，我坐下來，然後意識到手機需要充電，只剩下百分之十的電力了。我走去找了個充電座開始充電。當時大約是晚間十點三十分，我的班機延遲到十一點十五分，我想至少還有一些時間可以充電。（為什麼iPhone總是在你最需要它的時候沒電呢？）

充了一會兒電之後，我決定回去登機門。走回去的路上我開始有點擔心，因為機場看起來很荒涼，有些區域也封閉了。回到登機門後，我發現櫃台沒有人，真的沒有半個人。噢，不，我該怎麼辦？我心想，別慌，你可以做得到的。就像多莉說的：「繼續游，繼續游就對了。」我走經幾個登機門，終於發現有人的櫃檯。我說：「不好意思，我的班機起飛時間延後了，但卻沒人在櫃檯。發生什麼事了嗎？」她說：「噢，那個班機已經取消了。」就這樣，好像這不是什麼大不了的事一樣。我在達拉斯沃斯堡，我的班機取消了！我一個人在一座陌生的機場！我的行李現在在什麼鬼地方？我覺得我無法處理這個狀況，但我知道沒有人能夠替我處理。我只能靠自己了，這種感覺很……特別。

我說：「那，我現在該怎麼辦？」她沒有回答我，看起來像是她也不知道該怎麼辦。我不知道自己是要再問一次，還是繼續站著不動。接著她遞給我幾張剛列印出來的紙，她稱之為代金券。他向我解釋，一張是用來在機場吃晚餐的（不過所有的店都已經打烊了），一張可用來搭計程車前往飯店。我暗自吃了一驚，噢，我的天，我必須自己搭計程車去飯店！她接著說還有一張是隔天早上用來搭計程車回機場的，一張兌換早餐，最後一張用來換候補機票。我從她手上接過這些票券，然後往出口走去。

我抬頭看著機場的出口指標，感覺自己正面臨一個轉折點。「離開你的過去，」它似乎正這麼跟我說：「現在就離開，然後變成……變成什麼？」好吧，我告訴自己，繼續游下去就對了。我這輩子從未如此害怕……不，並非如此。我只是從來沒有碰過這種狀況，這讓我感到恐懼、新鮮，也感到有所不同。有時候我會提醒自己曾經經歷的一切，人們都說我很勇敢、強悍等等。老實說，我通常只告訴自己：我很幸運。經歷了這些事還認為自己幸運，多麼可笑啊。

不過那個當下我一點都不覺得自己幸運——我很惱怒、沮喪、疲憊，還有一點害怕。我離開了相對安全的機場，踏入悶熱、潮濕、難以預測的夜晚之中。當時已經過了午夜，我並不真的知道自己該怎麼做，所幸有幾輛計程車還停在外頭。我向車窗內探頭，告訴司機我有前往沃斯堡市區的代金券。他說：「我可以載你。」非常濃厚的外國口音。好，我跟自己說，沒事的。保持警戒，保持鎮定，留心每一刻，這是我從蕾貝卡身上學到的事。

我感覺自己已經坐上這輛陌生的計程車好幾個鐘頭之久了，不禁心想，他要載我去哪裡？他知道該把我送去哪裡嗎？會不會帶我到某個地方，強暴然後殺了我？事實上，開往飯店的車程大概不超過二十五到三十分鐘。我允許各種想法進入腦中，因為我覺得假如我認為這些事可能發生，它們就不會真的發生；真正會發生的都是那些你從未想過的事。當然，那些壞事沒有一項真的發生，但你能責怪擔憂那些最壞可能性的我嗎？畢竟，你不會知道一個女孩能有多不幸，對嗎？

我們抵達飯店。司機是一個好人，不是連環殺手，他問我隔天早上是否要回去機場，我說是。他給我他的手機號碼，告訴我準備回機場時撥電話給他，他會過來接我。我向他道謝，離開有如避難所一般的計程車，走入一座陌生的都會叢林。好吧，應該不能說是叢林，其實感覺還滿安全的，我走上幾階樓梯，進入我要過夜，仍然明亮的飯店大廳。我把代金卷交給櫃台人員，他們給了我一個房間。我前往電梯的方向，發現輕易就可以找到房間，因此鬆了一口氣。二〇二號房，所以我要到二樓去，我擦擦眉毛上的汗水，我懂了。

一到房間我就急著進浴室，女人真難當，我意識到每月的贈禮來了，我的褲子已經沾了血。身為女人，我們也本能地知道該怎麼處理這種事。因為行李已經送托運了，我只有身上這套衣服，必須在洗手台裡洗好褲子然後晾乾，我認為在天亮前晾得乾（當時我忘記自己到飯店時已經凌晨一點了）。危機時刻總是會讓你忽視某些事情。我在洗手台內洗淨了大部分的污漬，把褲子掛在淋浴桿上晾乾。

吃完飛機上發的寒酸的零食，我很快就睡著了。一個小時後我被隔壁房的喊叫聲驚醒，我必須承認第一時間我以為有子彈穿牆過來了。不過我再次告訴自己要冷靜，然後躺回去睡覺。終於我又睡著了，直到早上六點半鬧鈴響起才起床。

起床的第一件事就是檢查我的褲子，很好，當然，它還非常非常潮濕。我沒有其他衣物了，只好穿上它，然後把我的毛衣綁在腰上。我打電話給前一晚那位計程車司機，跟他說約十五分鐘後來接我。整理好後我下樓準備跟他碰面，卻發現飯店門口已經排了一整列計程車。一個司機看見我立刻跑上前來，就像我是可口的小菜般準備一口把我吃盡。我告訴他我已經打電話叫車了，但他講外文，我不確定他是否真能理解我說的話。我不斷地說：不用了謝謝。他也不斷說：不，這是規定。我害怕了起來，只好打電話給我的司機，跟他解釋事情的經過。他說沒關係，去搭第一台計程車就對了。我向他道謝並搭上計程車。誰知道搭計程車還有規矩？我的意思是，難道你就不能搭一輛你想搭的車嗎？需要搞懂的規矩還真多，為什麼不能單純一點呢？

回到機場後，因為我已經有機票了，於是排進隊伍中等待安檢。安全人員告訴我那不是機票，我必須到航空公司的櫃台把代金券換成機票。我去了櫃台，被告知我將候補排上下一班返家的班機，還要再轉機一次。又來了，為什麼不能單純一點？最終，我必須先飛四個小時到某個地方，再沿同路往回飛兩個小時回到我的目的地。我的目的地並不是什麼小不點機場，事實上，那是一座主要城市的大機場，這件事真的有點荒謬。我身旁的一位女士跟我說，曾經有一次她要飛往中西部的一座城市，因為天氣因素必須先降落在另一座城市。她說當她抵達那裡時，飛往她目的地的班機已經沒有空位了，因此航空公司讓她搭巴士。搭了兩個鐘頭的巴士，她又到了另一個地方，還得再自己訂機票飛回最一開始該降落的那個機場去開她的車。航空公司只說機票上又沒說保證會把她帶到目的地。或許有人能夠接受這種事，但我實在無法理解。五個小時後，我終於回到家了，非常疲憊，但我為自己感到驕傲。

天啊，要拋頭露面！

我的購物中心初體驗很滑稽，現在回想起來，簡直就是《周末夜現場》（*Saturday Night Live*）裡的一齣搞笑喜劇。那發生在我首次搭飛機出門，拜訪南西的那趟旅程期間。南妮山羊帶我們去洛杉磯的葛洛夫購物中心（Grove Mall）。我被眼前眾多的商店、食物和人群迷惑了，太多的東西看得我目不暇給，我甚至不記得自己看了哪些東西。我的嘴巴一直張得大大的，像個大蠢蛋。所有人看了都會覺得我要不是在捉蒼蠅，就是個從不闔嘴的神經病。是的，所有人！因為我覺得每個人都在盯著我瞧！你是否曾經覺得所有人都盯著你看呢？獲救後有好一段時間我真的這麼覺得，像是所有的眼睛都注視著我，卻又同時感到自己根本不存在。哇，多麼矛盾的我！

現在我已經成長許多，對事物的感受也有所不同。我在這個世界中過著自己的生活，跟其他人都一樣，不再有被人注視著的感受。我記得得救後的最初幾年很難適應，我希望在擁有正常生活的同時，自己和家人的隱私都能受到保障。我沒有參考書，沒有任何指示圖，嘗試著理解「正常」對我的意義是什麼。上餐館總讓我有點緊張，尤其是帶著女孩們的時候，保護她們不被騷擾是我最重要的事。我總擔心被認出來，因此我會挑選最不會被看到臉的座位。為什麼呢？如今我自問。我想我是擔心人們會像媒體一樣問一大堆問題，索取照片或什麼的。這些事在那幾年完全沒有發生，即使真的有人認出我，他們都很有禮貌，不會多過問什麼。對此我很感激，他們讓我能夠不帶恐懼、很自然地踏入這個全新的世界。我是會恐懼的，至少對當時的我會。如今回想起來，我會自問，這些事真的有想像中的那麼可怕嗎？

還是需要時間的。我終於對外出感到自在，並了解到，沒錯，有時候我們就是會對名媛豐臀金[4]或美麗高貴的皇室家族感興趣，我們會熱衷於討論新聞上的那些人物。不過，最終沒有人會坐在餐廳然後說：「哈瑞特，看那邊，躲在角落貨架後面的那個是潔西．杜加嗎？」沒有人這麼做，大家都沉浸在足球賽、舞蹈表演、誰贏了世界大賽和日常瑣事等等的話題之中。我發現自己出門時已經不再背對群眾，老實說，我甚至沒注意到這件事。那並非我某天刻意做的決定，而是非常自然地我就選擇了自己想要的位子。這種感覺真的很棒。

去葛洛夫購物中心那天，我說的話聽起來肯定像是我來自別的星球。我問了無數個問題，像是：「為什麼賣場裡會有DJ？」「哇，那個淋了生奶油和巧克力的漏斗蛋糕看起來好好吃，我們可以買嗎？」或者「噢，我的天，這件夾克賣這麼貴？」

大賣場跟我小時候比起來變了很多，我記得很吵鬧沒錯，但不是現在這個樣子。我以前最喜歡賣場裡的寵物店！我喜歡去大賣場，因為可以摸摸那些無蓋塑膠箱裡頭的小貓、小狗和小兔子，有些賣場會在塑膠箱的四周擺放一圈板凳，讓像我一樣年紀的小女孩能跟著軟綿綿的小兔子蹦跳在他們小小的世界當中。回想起來，我實在為那些箱子裡的小動物感到難過，他們讓我想起囚在後院裡的自己。對於發生在自己生命裡的境況無能為力，只能等待對的人來到，把他們帶出那小小的監獄之外。不過，當時的我太天真還不曾這麼想過，根本想不到有人會像幾年後的我那樣遭到監禁。我記得要是我們去的時候那裡沒有動物，我就會嘸嘴生氣。那個時候還沒有沛斯馬（PetSmart）和沛可（Petco）這類寵物大賣場。

現在大賣場裡頭已經沒有在販售寵物了，但，噢，有好多新衣服和新鞋子！那麼多的衣服，我簡直無法相信！住在後院的時候，得到一件來自沃爾瑪大賣場的新衣服我們就覺得很幸福了；大多時候，我們的衣服都來自救世軍（Salvation Army）或善意企業（Goodwill）。葛洛夫購物中心的選擇這麼多，多到讓我難以專心去挑選要買的東西，當時我還無法完全掌握新的處境，以為自己還活在救世軍的慈善預算當中。隨著時間經過，我漸漸適應了新生活，外出購物也變得更自然了。我承認我真的喜歡購物，尤其愛買鞋子。鞋子最棒的地方在於，無論你的長相如何，無論你是否跟我一樣體重有點過重，鞋子的尺寸都不會變，穿起來一樣好看。對我來說，一雙好鞋就能改變一身穿搭，有陣子我很迷高筒靴，然後是楔型鞋。楔型鞋真的太棒了，你可以穿著它走路，不像高跟鞋尖銳的鞋跟讓人難以活動。楔型鞋讓我看起來高一點，這是我最迫切的渴望，因為我的身材很矮小，拿架子上的東西總是需要別人

4 Kim Kardashians，金・卡達夏，美國電視名人、名媛，其父曾為O・J・辛普森辯護，曾因和歌手戀人合拍的性愛影片外流而大受關注，在台灣被暱稱為「豐臀金」。

幫忙。有陣子楔型鞋變成我最好的朋友，讓我感受全新的高度——拿得到高架上的東西了！不過我還是最常穿舒適、易於穿脫的懶人鞋；去穀倉或處理日常瑣事時我會選包頭鞋；運動時SKECHERS則是我的最愛。

我的頭髮跟著我經歷了所有的波折，離開後院時，它雜亂毫無生氣，就跟我當時的狀況一樣。我的頭髮映照出我的生命狀況，因生存的壓力而衰弱，被菲利普和南希製造的骯髒混亂給拖垮。或許沒人留意到這一點，但我看到了。對我來說，做出改變以及找出什麼是自己想要的模樣都相當艱難。我慢慢嘗試各種樣式，不僅是外在的髮型，我自己本身也在改變。在後院時，菲利普准許南希帶我進城，但必定先將我的頭髮染色。我對此學會不去在意，也沒有任何情緒，那只是他們為免我在當天重獲自由所設的阻礙。後來，當我能夠自己決定時，我很依賴旁人的建議，因為當我面對自己真的不知道該怎麼處理。

媒體在這件事上也扮演了一定的角色，我有一套面對記者的造型，有一套居家造型。我試過深髮色，試過淺髮色，時常讓我覺得自己體內同時住了兩個人。當我做過愈多嘗試，我就愈能找出自己喜歡和不喜歡的樣子。我也曾修短瀏海，那讓我看起來太過年輕可愛，接著我又因為某個已經忘記的原因剪得非常短；淺色挑染和深色挑染我都試過，最終還是回歸原本的金髮，然後把它留長。實驗過各種不同造型之後，我喜歡自己現在的模樣，我覺得現在的模樣最符合我閉上眼睛時想像中的自己。我知道這個人並不存在，但你想像一下，一八八公分的超級模特兒，擁有一縷長而柔順的金髮，一雙優雅細長的雙腿，構得到屋中任何架子，騎馬也不需踩馬鐙，這就是我有時候會想像的畫面。嘿，女孩子總能作夢吧。

選擇衣服是一趟和髮型類似的旅程，而我最終找到了所謂的「自我風格」，我喜歡這麼說。過往的那些日子，我總是穿著中性的衣服，從頭到腳趾都包得密不透風。後來有一陣子我仍然走這個路線，接著愛上牛仔褲和T恤。原本我像個小孩一樣，只穿伸縮褲，每一種你想得到的顏色我都有，而我最喜歡的是粉紅色。最近這一年來我的風格有所改變，我發現了諾德斯特龍百貨公司，有天我走進店裡脫口就說出：這簡直是個魔法世界！滿滿都是品味很棒的設計品牌，價格只有那些昂貴服飾的一半，我跟我媽一樣愛討價還價，不會去買很貴的東西。現在，我最喜歡穿起來舒適又輕鬆的衣服。我愛運動裝，那會讓我覺得自己做了比實際上還要多的運動，額外附加的優點！這些日子以來，我真的覺得自己比以往更加成熟了。過去這六年我算是經歷了先前錯過的「尷尬青春期」，現在已經來到「我很自在，這就是我」的階段，但也或許長成大人這回事只是我在欺騙自己！我現在傾向穿少女風的衣服，我真的很喜歡連衣裙和套裝。現在的風格是上衣走合身而飄逸的路線，下半身則是喇叭褲。我的身材也改變了，每周至少運動三次，搭配重量訓練，一有機會我就會和蕾貝卡以及朋友們去健行。

電視上那女孩是誰？

我一直夢想成為作家，我的夢想成真了。寫《被偷走的人生》這本書對我來說是種情感宣洩，回想起來，我對自己真的完成了那本書感到驚訝又佩服。《被偷走的人生》在二〇一一年出版，我成為一本書的作者。配合新書發行需要一段採訪，南妮山羊給了幾個訪談人的名字讓我挑選，而與黛安．索耶（Daine Sawyer）碰過面後，我知道她是最適合我的人。她很和善，給人感覺親切，跟我在電視上看到的那個名氣響亮、美麗動人的黛安．索耶很不一樣！

整段訪談的過程，黛安都非常親切，她真的能理解我。我在後院時已經在電視上看了她好多年，因此當我和她本人以及克里斯．科莫（Chris Cuomo）面對面的時候，感覺真的好不真實啊。能被採訪我很開心，但同時也相當緊張。從外表大概看不太出來，因為我為了掩飾焦慮做了很多練習，我不想讓人發現我很緊張。我的手在發抖，掌心都是汗。我想我的緊張很合理。我在十一歲時被綁架，在一個瘋子和他古怪老婆的後院裡待了十八年，我只和他們以及我的兩個女兒有過互動，談話內容幾乎環繞於菲利普那本聖經裡的篇章。而現在，我是一本真實故事的自傳作者，擁有自己的書。我想我的緊張是全然合理的。

我擔心別人發現我在緊張。但為什麼我要這麼擔心呢？或許是因為我怕他們以為我是不想參與訪談，或者，他們可能會認為我做不到。我做得到任何事（我發現我很常這樣欺騙自己）。「演久就成真」（Fake it till you make it），這句話在腦中不斷出現，我不確定是在哪兒聽到的，但它已經變成深植我心的一句名言。假裝微笑，直到你能夠真的微笑。即便在後院時我也一直是如此堅持。採訪當天，我不想讓任何人知道我很緊張，我強自鎮定，我嘗試融入拍攝團隊，表現得像那只是個尋常的一天。啦—滴—答。氣氛確實很舒適自然，南妮山羊確保新聞團隊做到了這一點，現場只有兩台攝影機和必要的工作人員。我媽媽也在那裡，她的存在能讓我保持冷靜；一直以來都支持著我的蕾貝卡和加油團也在那裡，團結一心。髮型和化妝都有專人打理，我得到走上紅地毯的明星級禮遇，服裝則是我自己挑好從家裡帶去的。那是個明亮晴朗的一天，我卻緊張得都要吐了。

那一整天運轉得非常快速，在你還來不及發覺以前，我們已經收工去吃晚餐了。黛安把菜單點過一輪，甚至叫來所有的甜點讓大家嘗嘗。我超愛甜食的，那為這非凡的一天做了完美的收尾。更棒的是，沒有人發現我的緊張。有時回頭看，我很好奇假如當時我讓情緒顯露出來那會怎麼樣？訪談內容是開放而真實的，假如我說：「嘿，我現在有點緊張」，這樣真的會很糟嗎？我表現出脆弱會造成世界末日嗎？我想大概不會。成長需要時間，漸漸地我了解分享情緒是沒問題的，我無需時時戒備。這就跟改善與你愛的人之間的關係一樣，很難，但最終會有所收穫。

幾年後的現在，當我重新看那段黛安的訪談，會有一種陌生的疏離感。好像故事中的那個人不是我，雖然我知道那確實是。有一次為了準備一場即將到來的演講，我和蕾貝卡一起重看那段訪談。在某個時點我抬頭看她，她在哭，而我也是。即使那是我自己的過去，即使她很熟悉發生過的每一件事，但顯然一直到那一刻我們才真的被感動了。當時我們的想法有點像是：哇，這些事真的發生在你身上嗎？是的，我確實在訪談中訴說了我的故事。「真是不可思議」，我們同時大聲說。一直以來在各方面我都保持正常冷靜，即使是訪談之後，我仍是那個害羞的人，並不覺得自己是個名人。

二〇一一年，我創立了ＪＡＹＣ基金會，它的意涵是「讓我們主動關心他人！」（Just Ask Yourself to Care）我想要留下永恆的資產，盡我所能回饋社會。如何做到呢？蕾貝卡和她的團隊對我的家庭的付出是最初的契機，我希望所有經歷創傷的家庭都能得到同樣的幫助。創建過程中，我表示不想以我的名字為基金會取名。有很多基金會以那些已經不在的人為名，我還活生生地活著，我要我的基金會有所不同。因此，我決定只使用一部分的名字「ＪＡＹＣ」[5]，讓每個字母都包容在一個更大的理念之中。你可能會想問我：嘿，你是怎麼為這個縮寫想到這麼酷的意涵的？嗯，因為我有人幫忙，蕾貝卡、她的協同治療師跟我一起想出了「ＪＡＹＣ」這幾個字母所能傳達出的理念。我們最終傳遞出一個清楚而正向的訊

5 作者名字「潔西」的拼法為「Jaycee」。

息：讓我們主動關心他人！

代表基金會外出演講傳達我們的理念時，有時候我會播放那段訪談，向還不認識我的人自我介紹。大多數時候，我覺得在影片裡接受訪談的是另一個他人，但在與蕾貝卡一起經歷那件事過後，某個開關被打開了。在此之前，我從未因自那般可怕的處境中存活下來而敬佩自己。就那一次，我為自己感到不可思議。我從那個事件中存活下來了。像這樣談論自己有點可笑，不過在那一刻，我真的給了自己肯定和鼓勵。

演講之後，有位老紳士上前對我說：「你是個海陸戰隊的戰士。」我握了他的手，問他為什麼，他說：「海陸戰隊要面對各種驚駭事件，而且無論發生什麼事都會存活，年輕的女士，這就是你。」我對他微笑，感謝他說這些話。鼓勵自己有時候是困難的，我認為我們常常忘了自己有多勇敢。存活很重要，但更重要的是寬容和愛的能力，以及幫助自己度過人生的低谷。

訪談之前，媒體瘋狂地探找我和孩子的八卦。我感覺自己就像小甜甜布蘭妮那句歌詞「怎樣，你還想要我的八卦嗎？」中所描述的人。去拜訪南妮山羊時，我發布了一段影片要求隱私。我媽媽也發布同樣的聲明，表示我們將會按自己的步調給予說明。有將近一周的時間我都待在屋子裡等待外頭的喧鬧平息，那種感覺就像我又被囚禁在後院了一樣！我的女孩維持正常作息，她們才剛開始上學，還需要由重點學校的人員來留心她們的安全。記者總會突然出現，但我並不任由他們擺布。我認為保持低調很重要，因為我不希望在街上逢人就被攔下來問說：「嘿，你就是那個女孩嗎？」

狗仔隊終究安分下來了以後，我才開始自在外出。當時我們居住在一個很棒的社區，鄰居們根本不知道我住在那裡，卻幫了很多忙；當地的警長也是我們的好朋友，他說他每天都會接到十幾通電話，打來抱怨社區裡出現了許多陌生的車輛和人。有時候你甚至不知道自己是在幫助他人，不知道你可能對某人的生命產生很大的影響。

舉我自己為例，我從來沒想過我可能影響他人的一生。不過《被偷走的人生》出版、訪談播出之後，我收到許多充滿正面能量的信件。我甚至收到艾莉莎．米蘭諾[6]寄來的信，還有一封來自我最愛的其中一位作家，丹妮爾．斯蒂爾[7]！我著實驚訝萬分，但也保持著謙遜。誰想得到過去那個小潔西會變成……變成什麼？不是變成明星，而是成了一個寫書的人，而這本書能讓其他人從中學到某些事。我從來不敢想像世界上其他地方的人們會因我的寫作受惠。一本關於我的人生的書，關於我和我的女兒如何被囚禁在那個後院，而我又如何在艱困的環境中竭盡所能將她們養大。

6 艾莉莎．米蘭諾（Alyssa Milano），一九七二年生，美國演員、歌手、製作人，曾在紅極一時的電視劇《妙管家》（1984-1992）裡飾演單親家庭的女兒莎曼莎。

7 丹妮爾．斯蒂爾（Danielle Steel），美國暢銷愛情小說家。

「微笑」

穿著一身髒兮兮的邋遢男子站在馬路邊，他高舉一塊鮮亮的黃色告示牌，上頭以粗黑的顯眼字體寫著「微笑」。

一個要人們記得微笑的提醒？真奇怪，我心裡想著。我需要這個提醒嗎？人們真的需要別人的提醒才會記得微笑嗎？我猜有時候確實需要。大多時候我算是微笑界的女王，但有些時候我仍然需要被提醒。那一天，看到被高舉的告示牌，我告訴自己要活在當下。那個時刻的我是自由的，最棒的是，我正一個人在外面開車！

當時我只是在處理一些日常事務，買點日常用品，去郵局寄包裹，買點牛奶，或者再到星巴克點一杯冰焦糖瑪奇朵，諸如此類。我在等紅綠燈時看到那塊指示牌，一開始我沒有微笑，說真的，他的提醒讓我感到有些難過。我想，拜託，真的需要有人在路邊舉牌提醒我們記得微笑嗎？這世界已經快速瘋狂到歡樂離我們而去了嗎？我們的生活只剩機械式的忙碌奔波了嗎？人們已經麻木到不能從單純的事物中感受到快樂了嗎？我當然不希望如此。相信我，我明白有時候就是笑不出來。不過在那一刻，我記起了所有值得我掛上笑容的理由。其中最棒的就是我當下正在做的那件事——開車！像人們習以為常的那樣，每天不加思索的就開車出門辦事情。我從未想過我會有能力或是被允許去做這件事。

愛上開車的理由太多了，我無法一一列舉。不過毫無疑問地，最棒的就是邊開車邊唱歌。啊哈合唱團那首〈接受我〉[8]的前幾個音符一下，在你還沒想出來以前，我的嘴巴就已經自動唱起來了。我是那種只會哼幾個小節，只唱我會唱的部分的那種歌手，我知道跟主唱莫頓．哈凱特相比，我的都走音了，但到了最高的那幾個音，我就是能用自己的方式飆上去！反正在車子裡無論唱得怎樣都無所謂。嗯好吧，我得承認有時候還是會有點影響，尤其是當女孩們跟我一起在車上唱歌的時候，聽起來真的好不搭，我知道我確實不能唱。如果能有選擇，我希望自己能唱得像搖滾樂團芙蘿倫絲機進份子的芙蘿倫絲．威爾希[9]一樣好，她的聲音聽起來如此飽滿、有力，完美極了！有一天我又扯開喉嚨放聲高唱，我轉頭看我的大女兒，發現她躲進自己的外套裡偷偷笑，她是那種只要聽過一次就能記住全部歌詞的人！我也想要那樣，但是，唉，我就是個音癡。好吧，至少我的狗不會在意，放聲唱吧我說！他還沒對我咆哮過。

學習開車讓我非常緊張，我的手不斷冒汗，頭暈目眩無法停止傻笑。我必須全力與那個被馴化成永遠沒機會觸碰方向盤的自己對抗，我可以告訴你我對開車幻想過好幾百萬次了。

我復原後的第一件事就是在媽媽和妹妹的督促下學習開車。看看我，現在已經是個賽車手了！開開玩笑罷了！坐在媽媽的車裡，聽她解說車上的各種裝備和按鈕的功用，一直到這一刻，我終於第一次感覺自己像個大人了。在此之前，即使我已經當了媽媽，我仍然覺得自己還很幼稚，沒有自信。不同的生命事件塑造出不同的人，我有自己專屬的不幸，我錯過了那些一般人成長過程中共有的歷程。

坐在車上的我，感覺自己就要惹出什麼麻煩了，像是有人跑來衝著我吼著大叫：「滾出來，你這個白癡！你還以為自己真能開車啊！」然而我告訴自己，我的生命已經不再掌握在菲利普和南希的手中了。只要我想要，我就能做到。我想開車，我做得到，我要去做！

直接來看看我的第一次道路駕駛吧。當時我在一個蜿蜒的山丘小路上練習，這裡相當偏僻，我不需要和很多車子交會。好事一件，因為我還不確定自己能否把車子維持在車道裡。如果在上坡的同時對向有車開來，我不確定自己是否會做出什麼事。第一次和對向來車交會真的很可怕，不過多練習幾次後就變得簡單多了。我還記得第一天我心想，哇嗚，我真的在開車耶！我專注在妹妹說的每一件事，把其他胡思亂想拋出腦外。我妹妹是個很有耐心的老師，我必須讓她了解我不會受恐懼影響，不過有幾回過彎我肯定把她嚇壞了。我的小妹正在教我怎麼開車，有時候我覺得這件事很怪，畢竟我只認識還是個小寶寶的她。而如今，她在教她的大姐開車。

---

8 A-ha來自挪威的合唱團，團員分別為派爾・瓦克塔（Pal Waaktaar）、梅格斯・富魯克林（Mags Furuholem）以及莫頓・哈凱特（Morten Harket）。一九八六年推出暢銷金曲〈接受我〉（Take on me），該團於一九九三年宣告解散，並在二〇〇〇年重出江湖。

9 Florence and the Machine，二〇〇七年成立於倫敦的英國獨立搖滾樂團，主唱 Florence Welch。

考駕照的當天簡直像場夢。媽媽載我到車輛管理局，路途中我吐不出一個完整的句子（又緊張得反胃了，我什麼時候才能擺脫這件事？）。指導員問我準備好了沒，我大概答說「是」吧，不然就是微笑或點了頭。突然我就已經坐到車內開始檢查後照鏡，接著把車子開到路上。指導員要我把手伸到窗外打手勢，我整個搞砸，因為我不太確定哪個手勢代表什麼意思。不過，或許我做得沒那麼糟，不然就是他們同情我。總之我把車停回車管局的停車場，停得有點歪歪的，離人行道的護角至少還有一呎遠。指導員說：恭喜！杜加小姐，你合格了！我跳出車外，綻露出最大的笑容給了媽媽一個擁抱。媽媽有看到我的停車過程，她也笑了。哇嗚，我合格了！我拿到駕照了！

回家的路上，我開始撥電話、傳簡訊給每個我認識的人。由媽媽開車，因為我實在太興奮了。緹娜阿姨當時正在教課，但她還是接了電話，跟我一樣超級興奮；妹妹傳了一個開心的笑臉給我。我打給蕾貝卡，她用氣音接電話，很奇怪。我跟她說我合格了！我一定是吼得很大聲，我可以聽見電話另一頭有人問她：你的女兒嗎？蕾貝卡後來解釋，她正在華盛頓參加她的叔叔馬提亞參議員的喪禮，所以她在一個被稱為「電話間」的小房間裡。當時還有幾位參議員在裡頭講電話，他們對於她的打擾有些不耐煩，她跟他們道歉並解釋我是誰時，他們感覺也不太在乎。我之前從沒想過這件事。別人會如何介紹我？我的意思是，連我自己都不太相信這個故事。我講過幾百萬次了，我被一對瘋狂的夫妻帶走，十八年後才帶著兩個漂亮的孩子得救。就算對當事人我來說，這聽起來也不太真實。

我漸漸習慣開車的感覺，有時候仍會有點不安，但我會使出我心中的雙節棍來對抗它。我學得了一個技巧，大多狀況都能靠它解決——Just do it！耐吉是對的！「演久了就成真」、「一步一腳印」、「搞定它」，這是所有人都在講的陳腔濫調，但結果呢？真的有用！

我最好的朋友婕曦只要有空就會來找我。她總是挑奇怪的時間搭飛機，時常是大半夜。一開始我很害怕開夜車，要是出意外怎麼辦？或者更糟，要是車子故障呢？或者假如我在城市中最嚇人的區域迷路了？婕曦第一次在晚上要我去接她時，我很興奮，但是夜間開車和白天完全是兩回事，對向車的大燈太刺眼了，我簡直看不到路。然而，為了朋友我跑了很多趟機場，漸漸變成一個熟練的駕駛。機場接送是我最棒的開車練習，我甚至發現那段時間是個思考事情的好時機。

一開始我只敢開在慢車道上，不過後來發現那是卡車的專用車道。我討厭換車道。我會看別人怎麼做，這對我很有幫助，我想人家總說我是視覺學習者是有道理的。不管做什麼事，我都先觀察別人的做法，第一次開支票的時候，或者學習如何騎馬慢跑，我都是靠觀察別人才會的。只要我看過，我就學得會，藉由看YouTube我學會了一大堆事情。

有好一段時間，我開車時兩隻手都握在方向盤上，也很常緊急踩煞車。逐漸適應後，我的姿勢變得比較放鬆自然，但還是用兩手握方向盤，現在仍是如此。我認為年紀和想法使我成為一個安全駕駛。我的意思是，我可不想在經歷了這一切之後還發生車禍。車子對我來說，不僅僅是交通工具而已，它也帶來了我的笑容，帶著我到每個我想去或必須去的地方。

即使到今天，我對於自己能夠自由自在仍然有點驚訝。這種感覺很奇特，不知道它會不會有真的消失的一天。

我還記得第一次被警察攔車的狀況。當時我在深夜從一個朋友的家離開，路上的車子開得很慢，我們猜想大概是發生了什麼事故。我們看到快上高速公路的地方警察設了一個檢查站，標示著「酒駕檢測」，每台車都必須出示證件才能通過檢查站。當時天色很黑，但到處都有強力照明，停車時我被燈刺得睜不開眼。輪到我的時候，我拿出駕照，警察問了一些問題。你住這裡嗎？你要去哪裡？我說我住在附近，正要回家。他說，為什麼你駕照上的地址不一樣？我說那是私人因素。他沒有放我們走，反而要我停到路邊的停車場等待。我很緊張，擔心自己是否做錯了什麼事。那裡也還有一些車，但我覺得我是被特別挑出來的，感覺除了酒測之外還有發生別的事。另一個警員過來，我告訴他我的名字，解釋為什麼駕照上會寫另一個地址。我想是我顫抖的聲音讓他覺得有點問題，但我無法克制自己，這是我第一次被警察攔下來，我不知道該怎麼應對。我也不知道到底發生什麼事了。我說他可以打電話給縣警的警長確認我說的話，從搬到那個社區的最一開始，我們就和警長保持著良好關係。那個警員要我在車內等待，他要去做確認。我還在發抖，但告訴自己不會有事，我沒有做任何會惹上麻煩的事情。我已經不在後院了，無須對警察隱瞞身分。幾分鐘後，那個警員回來開始不斷道歉，他說我們可以走了。我鬆了一大口氣，我焦慮到離開時還忘了繫安全帶。

過了一會兒我開始感到憤怒。我不喜歡這種感覺。為什麼我會被攔下來？真的只是酒測嗎？還是有別的事？顯然地，我並沒有喝酒。後來我清醒地躺在床上思考，我真的覺得有問題，感覺上他們是在找某個人。

隔天我在報紙上讀到關於附近有人失蹤的報導，我的疑慮被證實了。儘管前一晚的經驗不太愉快，我想我還是感到開心——他們發現有不尋常的地方，所以把我攔下來檢查，我為此感到開心。雖然我不是他們在找的人，但他們有做好該做的工作，沒放過任何蛛絲馬跡。

最驚悚的駕駛經驗，發生在我的生日當天，那是我的三十三歲生日。我最要好的朋友婕曦為此飛來找我，我不需要什麼特別的慶祝，只想度個放鬆的一天。我到機場接她，接著開上高速公路——啪達！真的就是啪達一聲，一隻鳥猛然撞上我的擋風玻璃。我的天！我大叫，婕曦也嚇了一跳。我整個不知所措，開始咯咯笑。有時候我會在不恰當的時機咯咯傻笑，這就是其中之一。幸運的是，我的朋友並不覺得我是瘋子，因為她也跟著笑了！啪達！老天唷！又一隻？到底怎麼了？這是我的生日耶！兩隻鳥連續撞上我的車！在我生日當天！難道他們不知道今天是個特別的日子嗎？我想他們大概忘記在行事曆上做記號了。婕曦說我應該啟動雨刷，可好了，你們可以想像，可憐的鳥兒殘骸整個塗滿我的擋風玻璃，我幾乎看不到前面了。我把車開進一個加油站，然後我們開始清理那些污漬。這兩隻鳥想必飛得很快，因為我當時才剛開始加速而已。

我們到加油站時整個情緒還是很激動，滿臉的眼淚可以證明這一點。我還沒撞上過任何東西，真的好嚇人。好好的大笑一場有助於我們從當下的狀況中釋放壓力。這不是我所想像的生日場景，把鳥撞死了讓我很難過，但婕曦提醒我，是鳥兒飛來撞上擋風玻璃的，不是任何人的錯。我開著車載著我倆上路。她打開收音機，回家的路上我們一起唱歌。她跟我一樣唱得不怎麼好，因此我們倆的合唱聽起來一定很棒！

冷湯？

在我被囚禁的那段日子裡，有許多年食物都是裝在紙袋裡送進來的，有時候上頭印有知名的黃金雙弧，有時候則印著皇冠。沒多久就吃膩了，但對我和兩個女兒大半的人生而言，那就代表著食物。

菲利普的母親還沒精神錯亂之前，會在禮拜天下廚，菲利普和南希把自製的辣豆湯或其他晚餐拿到後面給我們吃。對我們來說那真是大餐，通常我們不會有這種奢侈的享受。

二〇〇九年我們被找到之後，認識了蕾貝卡的丈夫查爾斯。他是個經驗豐富的職業廚師，當時在他們的過渡家庭協會幫忙準備食物餐點。

剛獲救的那幾天，除了要買得來速時我會點餐之外，食物的選擇不是我會參與的事。因此，被帶到過渡之家的第一個月，當大廚查爾斯問我想買哪些食物放家裡時，我根本毫無頭緒，只回答：「請給我基本的。」

隔天我去翻冰箱想找點東西來吃的時候，發現了花生醬——花生醬放在冰箱裡？真怪！小時候我的吉比花生醬都是放在廚櫃裡的，而這一罐是有機的，還有一層可笑的油浮在表面。原本我不太好意思開口，但詢問信得過的人總比被陌生人告知來得好，因此我問他們為什麼花生醬會長成這樣，是壞掉了嗎？不，有機的花生醬就是長這樣。我得到這個回覆。因為油層會分離，食用前你必須攪拌均勻。不過，無論這個花生醬多麼古怪、新奇，還是很好吃，而且跟有機草莓果醬很搭。當時「有機」還不在我們的字典裡面。沒錯，我們從電視上知道那是個新潮流，但當時只要有新鮮水果和蔬菜可以吃就是萬幸了，是不是有機的都沒關係。

我還碰到了前所未見的烹調方式。當時我們去一個很恐怖的地方，叫做楓環（Miple Ring）。這個地方的歷史可以追溯到好幾百年以前，當地的印地安部落需要儲藏食物時，會以樹做為標示埋藏地的記號。傳說中，所有的楓樹都來自最中央的母株，它們會依著母親成長，環著她形成一個圓圈。這個故事讓我想起自己，想到被菲利普和南希囚禁的那幾年，我是多麼想待在媽媽身邊。他們說這個區域也曾種過其他樹，但最後總會疏遠這棵楓樹母株和她的子孫。

可以和大家在一個那麼美麗的地方共度一整天，我們都感到與有榮焉。午飯，大廚查爾斯為我們舉辦一場家庭野餐，還有印著火雞圖案的可愛餐巾，以及用紙製成的吸管。我們的第一道菜是湯，但可不是一般的湯，查爾斯那天為我們準備了新奇的東西。

正當我要嘗一口湯時，女兒們突然大嚷著：「嘿，湯是冷的耶！」主廚查爾斯就說湯本來就是冷的。故意做成冷湯？這是什麼詭計？我心想，**冷湯**！最初的震驚逐漸退去，明白湯是故意做成冷的之後，我們比較敢再往下嘗。我當時覺得冷湯想必很噁心，但那是大廚查爾斯做的，我至少應該試一次看看。湯剛與嘴巴接觸時，我覺得味道不對勁，嘗起來像是冷的馬鈴薯泥，但接著所有味道一湧而上，我發現自己在不自覺間已準備好要嘗下一口了。那真是一次難以忘懷的經驗。我後來學到這叫做西班牙冷湯（gazpacho），大廚查爾斯用番茄、紅蔥和切成條狀的酪梨做成的。

還有一些小三明治可以搭配著湯一起吃，以及綿密狀沙拉，是用一種名叫捲葉萵苣的菜打成的。食物使我們天南地北地聊了起來，我覺得很棒，因為平常一直在談論有關療程的嚴肅話題，真的需要放鬆一下了。

待在過渡之家的那段時間，我和女兒們在大廚查爾斯的教導下學習如何做出美味的餐點。但令大廚查爾斯失望的是，他教的東西我一項都沒記得，我無法成為下一個頂級廚師了！不過，除了跟馬相處之外，這是我在過渡之家最愛的部分。直到今天，我們仍會為那些來到ＪＡＹＣ基金會的家庭舉辦特別餐會，讓他們彼此重新找回團結的感覺。

食物真的是萬靈丹。你有沒有想過食物對我們每一個人究竟有多重要？我有。我們每個人都需要食物，它讓來自世界各地的人產生連結，吃著人生中最美味的春天義大利麵（pasta primavera）時，即使是最難熬的日子感覺都像在公園散步一般寫意！食物有好有壞，有醜的、美麗的、沉重的，也像彩虹有各種色彩。我認為食物在我們的生命中扮演了重要的角色，想不到其他事可聊時，我們永遠能夠拿它當話題。

特別是當不太好的政治話題出現時，改聊食物真是一個很有用的轉移。我以前覺得自己不夠聰明，無法和人談政治。菲利普總會讓我覺得自己是錯的，因此我學會隱藏想法。重新學習表達自我的想法需要時間，並非一夕之間就突然能夠自在地談論內心的情感和想法。不過現在我已經比較能從正反兩個面向看待事情了，我大多能同時看見候選人政見和論點背後的好與壞，但我還是討厭人們把話說得很篤定。說真的，世界上有什麼事是絕對的嗎？天啊，我真的無法想像由唐諾・川普（Donald Trump）來當總統，我的腦中只有他在《誰是接班人》（*The Apprentice*）裡的那句：「你被開除了！」感覺全世界成了一場實境秀。真的，所有的爭論最後都轉化成收視率數字，全看誰最有娛樂效果。有時候我就是笑看發生的這荒謬的一切，然而在我的世界裡，所有的事都是好的。我努力在每一件事中找到優點，這並不容易，但我喜歡這項挑戰！對我來說，食物永遠是比政治更好的話題。

大廚查爾斯這些年來一直都是我和我的家人的好朋友，我也從他的身上學到很多事。他總是鼓勵我嘗試新的食物，抱持嘗鮮的態度對我很重要，因為以前在後院的生活實在太無聊了。我第一次吃了鱸魚，我從來都對魚敬而遠之，但鱸魚是真的好吃，清淡可口，完全沒有腥味。後來我還試過旗魚、鮭魚、鮪魚和檸檬醃生魚，但還是最喜歡鱸魚。

我覺得嘗試新食物的感覺很不錯，除了扇貝、牡蠣和蝸牛！我對蝸牛和這些黏糊糊的東西劃清界線。我也無法忍受香菜的氣味。我努力試過了很多次，因為我最喜歡墨西哥料理，但香菜的味道總是毀了一切。大廚查爾斯有時候會鬼鬼祟祟地偷加香菜，然後跟我說那是百里香，你騙不了我的：我的味蕾很靈！

我一直都是個很守規矩的人。大廚查爾斯有一個規定：迷你馬不可以進他的花園。他很愛他的花園，每次蕾貝卡把迷你馬們帶出來吃草時，他總會大聲叫喊警告著：「別讓那些小子進到我的花園！」

一開始我感覺查爾斯是那種「掌控全局」的人，因此不敢破壞他訂下的規則。不過隨著我愈來愈認識他，我發現他跟我生命中的任何一個男人都不一樣，他很能鼓舞別人，善良又有種略帶嘲諷的幽默感，把我挖苦別人的潛能都給激發出來了。認識他以後，我就不再把那些所謂的「規矩」放在心上了。總之他只是說說而已。

其中有一個規定是「不得在活動場騎馬」。在我和家人來到之前，蕾貝卡只會帶客戶牽著馬散步，但她知道我和我媽媽需要的不止如此。因此有一天，她矇起我的眼睛，讓我坐到薇克洛背上，媽媽則在前面領路同時保護我的安全。那是多麼美好的一刻，我和媽媽之間建立了信任感。

還有一次是大廚查爾斯教我怎麼打破「規矩」的，當時我正在找一些籠子，好讓女兒可以收容她剛救下的小雞們。我的女兒跟我一樣喜歡動物，不忍心看那些小東西受到傷害，因此她帶他們回家，我們要為他們做一個雞舍。

大廚查爾斯說他知道哪裡可以弄到免費的籠子。免費的聽起來不賴，我心想，但哪裡有呢？他帶我到一家雜貨店的後面，那裡擺了很多用來裝食物的箱子和簍筐。他說那些簍筐就是最適合的籠子，我感覺這樣好像會觸犯什麼法律，但他說可以拿沒關係。我覺得我們好像在偷雜貨店的東西。難道這是無謂的擔心嗎？或許吧，但我已經很習慣與眾不同了。這件事在某種程度上讓我感覺到自由，我不覺得自己會傷害到那家雜貨店或任何人。大廚查爾斯對此似乎很有信心，這是我第一次打破一個我認定的規矩。我為小雞偷了簍筐！我有點罪惡感，但也同時覺得很開心，在那天我學會讓自己更有彈性。有些規矩的存在就是為了讓人打破的……嗯，或許只有一點點啦。

當你失蹤時，夢代表心的渴望

我沒有辦過暖屋派對，事實上，我也從沒擁有過自己的家。幸運的是我在我的新人生裡兩者都體驗到了。

氣象預報說那會是個明亮晴朗的一天，我們真的很幸運，因為之前每天都在下雨。那天的天氣跟我的心情一樣晴朗，我們幾天前才剛搬過來，很舒適感覺很好。很像你把腳穿進一雙熟悉的舊鞋裡，馬上一拍即合，這間房子就給我這種感覺。我們決定第一個月就把貓咪帶來，讓他們可以適應新房子。公牛最愛跑到小丘上聞來聞去，最棒的是，我不用再撿他的大便了，因為他會跑到沒人看得見的樹叢裡辦事，他就是這麼害羞。

我所有的新朋友和家人在暖屋派對聚在一起，慶祝我們搬進新家。我沒想到他們為我準備了這麼大的驚喜，我會永遠珍惜那一天。

大家都到齊之後，全部的人都集中到新家的露台上。他們一個一個輪流朗讀為了給我驚喜而準備的卡片和線索。珍為了這場派對特別寫了這些卡片。

珍朗讀第一條線索：

「線索一，從前從前，有個十一歲的小女孩失蹤了。」

卡片的內容接著是：

停止不實報導！這不是小女孩失蹤的故事，這是關於一個年輕可愛的女人重新回到真實世界的故事。在二〇〇九年八月二十六日，婦女得到選舉權的紀念日，是這個年輕女人歡慶新生的第一天。儘管成長於一段被囚禁的歲月，她仍然保有許多夢想。今天，在潔西團隊、家人以及朋友的幫忙下，我們將重新檢視她的一些夢想是如何成真的。潔西，這是個尋寶遊戲。你的團隊準備了一個暖屋禮物當作獎品。找出第二條線索，確保它被大聲朗讀出來。

我找到了第二條線索，一個朋友大聲讀出內容：

「這位年輕女人的其中一個夢想是擁有朋友，以及讓她的女兒們能夠交朋友。她們來到一間位於布納維斯塔的房子，這裡有各種人進進出出。天啊！多麼感人！這裡有蕾貝卡、珍、麗茲和蘇妮，雪莉兒、哈爾拉、特里許，以及其他許多人。名單不斷加長：查爾斯、席歐、馬克、比爾，還有派特、尼克、麥克、安娜、珍奈特、麥可、尚恩、戴爾、瑪姬、傑克，接著還擴展到東岸的瑪莎和菈內。可別忘了那些四隻腳的朋友們：費喜亞、薇克洛、絲佳以及史戴拉。更早之前，你在混亂中遇見了一個名叫陶德的男人，後來他會成為你的老朋友，帶你去海灘，幫你搬家……需要協助嗎？打給陶德就對了。事實上，你現在就該去找陶德，因為下一條線索在他手上。」

陶德接著念了第三條線索：

「你搬家到伍德谷的山上休息了幾周。你希望孩子健康，因此讓他們去給醫生和牙醫檢查。寄居蟹和你們在一起，小鳥也是，然而你救的那些小貓咪們還住在寄養家庭。當你和女孩們需要新衣服時，有位朋友帶你們去購物，也有人送你一只望遠鏡，讓你能把星星看得更清楚，持續保有夢想。找出第四條線索。」

我猜是麗茲，我猜對了。

她讀出第四條線索（這時候我真的很興奮，非常感動）

第四條線索：

薩克特警長妥善地維護著你的安全——多麼棒的一個人！大多時候你甚至不知道他來巡邏過。此外，你看，你的第一個駕駛導師不是別人，就是你那高挑的小妹妹夏娜！然而你開始焦慮，你需要錢來租房子——因此下一步的計畫是拍一些照片給媒體，讓他們暫時得到滿足。緹娜把你和你媽媽打扮得很美，你在《時人》（*People*）雜誌上看起來很優雅。不過這件事如果缺少團隊中的那個人是無法完成的，南西．薩爾澤，也就是南妮山羊！去跟南妮山羊拿下一條線索。

南妮山羊讀了第五條線索：

「你在二〇〇九年十一月租下並搬進了一間房子，終於可以跟你在後院養的那四隻貓咪重聚了。他們長大了，但對於能和你一起待在新家顯得很快樂。不久前，你偷偷跑去汽管局考到了你的駕照，讓我得以幫助你實現開車的願望。一位不願具名的捐贈者為了祝福你送了一台全新的車！找出第六條線索。」

線索內容：

時光流逝，你的小妹妹從學校畢業了。在隨身警衛的陪同下，你在「啟程路跑」跑完了第一次的十公里路跑。女孩們在家庭教師的幫忙下完成了一些學習，但你希望她們可以接受正式的教育。看看你的緹娜阿姨是否有下一條線索。

我的緹娜阿姨念了下一條線索：

「第七條線索。」

「你知道你的女孩們很聰明，你不希望任何事阻礙到她們選擇自己的大學和未來的權利。你一直認為教育很重要，也知道為女孩們做的選擇能實現另一個夢想。你的女孩們現在已經註冊就讀公立學校了。找出第八條線索。」

我朗讀出第八條線索。

「好的，我懂了！外面的世界很艱難，但在他人的幫助之下我來到了這裡。我在寫自己的書，它此時正在編輯中。我完成了建立ＪＡＣＹ非營利基金會的書面工作。戴爾幫助我確認州政府對於曾經犯下的錯誤會負起責任，而我開始尋找屬於自己的住處。我需要幫助——房子要有足夠空間容納我的女孩們、我的貓、新夥伴公牛，還要保留一個特別的位置給我的媽媽。媽媽——多麼偉大的詞彙。事實上，她有下一條線索。」

我媽媽讀了第九條線索。

「我們看過了一棟又一棟的房子，有些過大，有些太小；有一些有怪味道，有一些需要整修的部分太多。你希望有地方可以養馬，因此我們找了有馬棚的房子。我從來沒有放棄希望，我知道會找到你。現在，我們在加州的另一個地方有了新朋友和新家。孩子，歡迎回家。」

她給了我一個大大的擁抱，我再也控制不住激動的情緒，放任眼淚流滿整張臉。我心想，天啊，我一定是全世界最幸運的人，我擁有這麼多愛我的人。然而這一切還沒結束——我還要找出我的驚喜大禮！

另一位朋友念了第十條線索：

「這個故事還有許多許多的部分，超越我們這裡的任何一個人所能理解。這是關於一位年輕、勇敢的母親和兩個小女兒，與她悲傷的母親、阿姨以及妹妹重逢的故事。現在，這個全新的大家庭眼前還有很長的路要走，但他們在彼此互助以及所有朋友的幫忙之下，他們會堅持下去；新家，美好的寵物們，以及一個建立基金會幫助他人的計畫。等等！還有一件事：去找蕾貝卡取得最後一條線索。」

蕾貝卡朗讀了最後一條她自己寫的線索：

「八月二十七日早上六點，我的手機響起，是國家失蹤及被剝削兒童保護中心（NC-MEC）打來的。他們有一件有趣的案子請我考慮要不要接。一個失蹤的女孩被找到了，帶著兩個女兒、一個母親、一個妹妹，身後還跟了一大團的媒體。當時我不知道自己即將參與的會是什麼事。我們整個潔西團隊有效率地動了起來，為你找到一間房子，將冰箱填滿所有你熟悉的食物，而接下來的事也已經成為歷史了。近來我了解到，當初並不是我們所謂的名聲或是能力把你帶向我們，而是你相信了一個老女人，一個擁有牧場的心理醫師，讓你能夠教你的女兒如何騎馬。歡迎來到我這個不起眼的小地方。動物們很快成為團隊的一分子，從史戴拉誤食毒物，你帶著公牛發狂般趕到醫院的那個時刻起，就能明顯知道，你的心永遠和動物們繫在一起。

「不過，看看你的四周，這個不可思議的家，似乎有個東西被你遺漏了。別害怕，我們都在這裡！我們聯絡了你所有的朋友，上天下海只為尋找一顆完美的松果。世界上最漂亮的松果長得像一朵花，名字叫做『木玫瑰』。今天我們把他帶來了——潔西，來見見木玫瑰。」

在她朗讀最後一條線索時，我們聚集到了馬棚。我的眼睛閉著，當我再次睜開時，瑪姬在我眼前，她帶著一匹我所見過最迷人的馬兒走了出來。我下巴張到真的脫臼了（我還以為這種事只會在電影裡頭發生）。我第一眼就愛上他了。我驚訝地不知道該說什麼。她把韁繩交到我手上，我把我的手環過他的背。他們為我找了一匹名叫木玫瑰的馬，名字來自某一種松果，多麼古怪？首先，他是個男孩，卻有個女孩的名字；其次，在我十一歲被帶走的時候，就跟松果結下了不解之緣——松果是我最後碰觸到的東西。

屬於我的一匹馬。哇！我所有的家人和朋友一起為我買了第一匹馬，包含一組美麗的西式馬鞍和韁繩，真令人難以相信。我帶他進到活動場，第一次騎上他。我記得瑪姬帶著我繞了一圈，我就像女王騎著她的馬一樣對大家揮揮手。我的女兒也跟在我之後輪流騎了這匹馬。關於那一天我記得的其實不太多，我的情緒實在太激動了。噢，對了，我記得有位朋友特地為我做了一個松果形狀的巧克力蛋糕。那是我第一次得到一個松果蛋糕，很好吃。那是個幾乎沒有添加麵粉的巧克力蛋糕，做成松果的外型，然後她再將它裝飾得像是一顆真的松果。真不可思議，一整天都很不可思議。

木玫瑰很快得到了一個「牛仔」的暱稱。牠先前的主人是個牛仔，而瑪姬是位馴馬師，就是她幫大家找到這匹馬好送給我的。她先把牠帶回家，訓練了好幾周，直到那個大日子才帶來送給我。那些日子她都叫他「牛仔」，她很自然地就這麼叫他了。我後來才知道我是木玫瑰的第九個主人，這讓我很吃驚，因為他感覺是匹很棒的馬，怎麼會換過那麼多個主人呢？他是一匹哈弗靈種馬，有人說這種馬很愛惡作劇。我發現他有時候確實如此，他喜歡找樂子，但並不會傷害到人。他會強拉人讓他去吃草，我已經學到這種時候要明確地讓他知道什麼是當下該做的事，而通常他都會聽從我的指示。這些年來我跟他一起度過了許多歡樂的時光，他不會再有下一個主人了，我就是最後一位。

當我還小的時候，我從沒思考過經營人際關係之類的事。我知道我媽媽愛我以及我的家人，我無需在這件事上付出努力。長大成人後，我了解真實世界的人們不會自動去愛你或喜歡你，為了讓別人喜歡你，你得先付出努力，先喜歡你自己。動物就不一樣了，嗯，我傾向於這麼想，我覺得他們無論如何都會愛我。我的狗確實如此，我知道他每次看到我都會很快樂，他的肢體語言表達了一切。我的貓也愛我，不過他們表現愛的方式和狗不同，有時候我覺得他們喜歡我可能只是因為我會餵他們吃飯。我承認當我的貓賽爾達跑來撒嬌要我抱她時，我會心想：嘿，妳只是想找個溫暖的地方而已吧。不過我又想，對她來說，房子裡有幾百萬個溫暖的地方，而她選了我。我想這應該還是帶有某種含義吧。馬就不同了，當時我期待自己能立刻和我的新馬建立連結，他很溫馴有禮，但似乎對我不太有興趣。我能感受到他對我並沒有我對他已然生成的那種愛，這讓我開始質問自己：我愛你嗎？為什麼我會愛你？拜託，我才剛見到你耶，為什麼我馬上就付出愛了？其實，我真正該問的問題應該是：你是誰？你喜歡或討厭什麼？我們能夠成為朋友嗎？這些問題的答案會慢慢浮現，在此我學到我不需要立刻得到馬兒的愛，因為我獲得的東西比愛還要好得多：我正在學習如何與我的馬建立關係。

跟他相熟的過程有點令人沮喪，因為我想得到立即的認同，但他就是不領情。我一周幫他刷三次毛，摸透了他身上每一處的曲線和骨槽。我幫他清除眼屎也學著清理那可怕的陰莖包皮，很噁心，但這只是擁有一隻公馬的部分工作。那個時候我還很怕騎馬，許多事都不確定自己是否有能力做得到，蕾貝卡陪我一起處理了很多基礎事務，幫我建立自信心。她教我怎麼跟我的馬「混熟」，她說我們需要信任對方，並讓他了解我是這段關係的主導者。我在地面上做的這些努力，後來也都落實到瑪姬的騎乘課程上。

我對牛仔發過的最大的一頓脾氣，在我們認識的初期就發生了。當時蕾貝卡、查爾斯和我決定帶馬兒出去散步，散步罷了，我們不認為會有什麼大問題。很好，有一隻馬突然被某個東西嚇到，結果蕾貝卡手臂被踢了一腳痛得要命。我立刻想過去看她，但我身上肩負著重責大任。費喜亞跑走了，這讓薇克洛也想跟著跑，所幸查爾斯把她控得很好。我也控住牛仔，但他的情緒愈來愈高昂。因此我陷入兩難，我不知道應該先去檢查蕾貝卡的狀況，還是先把其他的馬帶回馬棚。於是查爾斯帶著薇克洛去追費喜亞，費喜亞其實沒有跑遠，而且馬是喜歡待在一起的群體動物。當他帶著費喜亞往回走來時，我去看了蕾貝卡。我害怕得不斷發抖，看到蕾貝卡那麼痛苦讓我很難受，她幾乎就要昏過去了。通常馬是能感受主人情緒的，但即便我手上還握著韁繩，牛仔的思緒仍然飛到了十萬八千里之外。他一直往穀倉和其他匹馬的方向看，他想要跟他們在一起而不是我。我知道這聽起來很傻，但我真的很在意。為什麼他不想跟我待在一起？難道他不知道我願意為他做任何事嗎？顯然他不懂，我感覺得到他的注意力不在我身上。我跟蕾貝卡說我先帶他回馬棚，再盡快回來看她。那是一條窄小的路，一側是小山，另一側是略陡的斜坡，獨自帶他回去讓我感到害怕。我們不信任彼此，我幾乎是被他拖著往前走的。

和馬建立良好關係是需要時間的，但當時我還不懂。他急著往前走，跑上側邊的山丘，這突然的轉向把我拉得跪到了地上。我沒有放手。我的雙手因為繩子的拉扯而磨傷了，實在很難不生氣。說真的，我發飆了！我終於對他的愚蠢和讓我受傷的行為發火了！為什麼不相信我？當時我跪在地上，傷口流著血，真的很想放棄，隨他去了。我想放棄他，回去找我那個受傷的朋友，但我做不到。我抬頭看他，大吼：「嘿！你給我停止，下來這裡！」或許是我的聲音讓他想起我的存在，但也可能只是他突然想起來而已，總之他從山坡上走了下來，而我自己從地上爬起來。他又開始拉我，他踏出第一步我就知道他想幹嘛了，因此我釘住不動。「不行！」我說，牛仔因此急停下來。他因為我站著不動而驚訝地看著我，自這場折磨開始以來，他的注意力第一次放到了我身上，而非他耳中那些馬群在遠方的嘶鳴。我們看著彼此，我對他說：「沒問題的，孩子，我們沒問題的。」然後我拍拍他的鼻子。我知道我必須控制好自己的情緒才能平安無傷回到馬棚，然後再回去幫助我的朋友。我做了一次深呼吸，他也是。接著我決定讓自己換個心情，因此開口一次又一次地唱著〈小星星〉這首歌。

當我們又再一起往前走時，我的憤怒已經消失了，我開始跟他說話，告訴他我們正在做什麼，他很快就可以回到夥伴身邊了，然後我才能回去幫助我的朋友。我跟他說我知道他嚇壞了。我認為在此之後他開始比較願意相信我。回到馬棚後我馬上跑回頭去幫蕾貝卡，後來

我、南妮山羊和蕾貝卡（上）
騎在我的第一匹馬身上（左下）
第一次騎上我的新馬（右下）

查爾斯帶她去醫院，她的手骨折了。好可怕的事件，但我從中學到，即使情況一團亂，只要你歌唱出聲，就能把煩惱吹走，把厄運轉化成好結果！一閃一閃亮晶晶，滿天都是小星星……

一起歌唱吧！

我愛音樂！從女神卡卡[10]到葛斯．布魯克[11]，各種風格我都喜歡。不過還是八〇年代的音樂最得我心，從搖滾樂到流行樂我全部都愛。我想大概是因為那是我成長的年代。我媽媽會一邊播放這些音樂，一邊把車子駛離南加州的高速公路，然後手拿著薯條伸出窗外吹涼，這樣我才有辦法吃。

被囚禁在後院時，菲利普給我一台老舊的立體音響，有兩顆喇叭，他說他在一家二手商店找到的。他說只要我把音量調小，想聽多久都沒關係，但要是讓他在外面聽到聲音，他就要把它拿走。這就是他為了達到目的所用的一貫伎倆。他說有空時會來幫我把喇叭接通，過了很久他都沒有「有空」的時候，在失望之餘我只好自己試著想辦法接通喇叭。當我聽到有一點點天線雜音出現時，我真的很興奮！我調了又調，終於找到一個電台，我永遠記得我從那台收音機裡聽到的第一首歌。說真的，在此之前我從沒有聽過這樣的歌曲。我已經有四年

---

10 Lady Gaga。

11 Garth Brooks，一九六二年生，美國鄉村音樂的創作型歌手。

沒聽過音樂了，風格已經有所轉變。那首歌是TLC樂團的〈瀑布〉，將饒舌的元素融入歌詞中對我來說很新鮮，我坐在那裡完全著迷了。這首歌很洗腦，我才聽了一次，就發現自己一整天都在唱它。

不要追逐狂烈的瀑布吧，
請忠於你熟悉的平靜小河與湖泊。

我愛那台收音機，它讓我在與世隔絕了那麼多年之後，再次產生與外界連結的感覺。當時我的大女兒A還是個嬰兒，我會抱著她在狹小的房間中跳舞；當她在夜裡醒來時，我會把音量調得非常小，然後拍拍她的被哄她睡覺。經過了這些年，我仍然會想起TLC樂團的那首歌，仍會不自覺哼起那個旋律。

「小狗之愛」

我的緹娜阿姨有一隻超級可愛的拳師犬「克拉許」，我愛他笨笨的個性以及對阿姨不可思議的忠誠。緹娜在二〇〇九年得到克拉許，就在我被找到的一個多月前。克拉許[12]會被叫這個名字是因為他曾被車子撞過，瀕臨死亡，他的前主人因為不願意花錢而放棄他。阿姨認識許多年的獸醫當時為他動手術，把他的一命救回來。醫師知道緹娜阿姨想養狗，因此當克拉許恢復到能夠回家時，他把他介紹給她，阿姨馬上就愛上他了。他還是隻小狗，還在長大，車禍的傷讓他的一隻腳有點跛，骨盆也有一點問題。不過這些都無法阻止他去玩他最愛的東西：他的球！如果你不管他的話，他能玩上好幾個小時。不幸地，克拉許在六歲時因為體內長了一顆無法動手術取出的瘤而去世。我們都很難過，但是最難過的還是阿姨。

阿姨的克拉許給了我日後要擁有一隻狗的靈感。我想要養一隻同時跟克拉許以及蕾貝卡的「絲凱」相像的狗，絲凱是一隻拉布拉多犬，她在我們剛得救的那三個月一直在我們身邊，只要有車子經過我們當時的住處，絲凱就會跑到大門口檢查。如果車子停下來了，她就

12 英文 Crash 意指碰撞、衝擊。

會跑回來向我們大吠一聲以做為通知。一開始，負責隨身保護我們的FBI探員每次都跟著絲凱到大門口去確認，但不久後她相信如果真的有必要出去，絲凱會讓她知道的。她真是一隻很棒的看門狗，但更優秀的是她幫助我們提升心情的能力。她擁有所有我希望我的狗狗可以擁有的特質。絲凱和蕾貝卡的另一隻小狗「史戴拉」會在人們進行療程時突然現身，那正是人們最需要他們的時刻。當你心情真的很低落時，沒有什麼事比得過一隻軟綿綿的小狗對你投懷送抱。

我想養一隻自己的狗已經不是個祕密，我甚至把它寫在我的第一本書裡。蕾貝卡有天早上打電話給我，要我去看看報紙。我看到有一窩才出生十周的巴克薩多品種的小狗在求售。一半拉布拉多，一半拳師的品種——太完美了！

我還記得我們去領狗那一天的情景，天空很藍很漂亮，而我非常興奮。我太興奮了，以至於沒注意到有人在跟蹤我們。這件事很詭異，因為當我們經過停在街道另一端的那台怪車時，我還對它開了幾個玩笑。那些小報記者以為他們很聰明，可以躲藏在我們住的小社區裡不被發現。其實整個社區都知道他們就在那裡。小報記者們真的就跟你想像中的一模一樣：有點油油的，頭髮亂糟糟，無藥可救。他們的車如果不是租來的，就是外觀看起來破爛的老車。如果你曾經覺得被他們跟蹤，這對你會是有用的資訊。

那些小狗所在的農場位於一個很空曠的地方，我記得當時我心想，如果那台運動型休旅車真的在跟蹤我們，我一定可以發現。我透過後視鏡檢查了一下，沒有看到任何可疑的東西。

我的注意力轉移到在我眼前扭來扭去的美麗小狗狗。這裡有三隻可愛又充滿活力的小狗，我心想，要怎麼只選一隻？他們是同一胎的三兄弟，全身都是黑的，只在胸口有一些白色的部分。其中一隻的圖案看起來像是蝴蝶，我本來想選他，但後來有另外一隻跑來坐在我的腿上，我知道就是他了。他看起來很自在，似乎很有自信自己會變成我的狗狗。我把他抱起來，然後把臉湊近他對他說：我們要回家囉。蕾貝卡幫我和我的新狗狗拍了一張照片，後來我把它用在《被偷走的人生》那本書的封底。我開心極了，我終於有自己的狗狗了！

有台車停在那條鄉間小徑的對街，司機的腿上擺著某個物品。那個東西看起來不怎麼起眼，而車子是一種難以描述的白色。我和蕾貝卡都有注意到他，但當時沒做多想。隔天我發現我的私人時刻被捕捉下來並公諸於世。南妮山羊打電話給我，告訴我有關照片的事。一開始，我覺得自己做錯事了，我應該要對車中那個人的身分有所覺察的。不過後來我知道，無論我當時有沒有覺察都於事無補，錯的人是他，不是我。我沒有道理躲藏或逃跑，沒人能再一次奪走我的自由。

這一類騷擾事件發生了不止一次。我不能說我已經習慣了，我不認為這種事有辦法習慣。所幸他們現在已經停止做這件事了。最糟的是他們拍了女孩們的照片，對我來說，這是不公平的。我們從來不想做這種事，我們不是豐臀金卡珊黛或其他想成名走紅的人。曾經有一次我認為有人把我們露營的地點告訴了這些小報記者。很難想像吧？我連想都不敢想；這讓我感覺糟，像在被追殺一樣。過去那麼多年我一直是個隱形人，但現在就算想躲也躲不了。

帶小狗回家那一天，是有史以來最美好的一天，我將永遠地記在心底；不過裡頭也包含了一點負面成分，因為我們被跟蹤而且我的隱私被剝奪了。照顧小狗狗是個重責大任，在某些部分跟一個母親照顧新生兒有點像。

當時我們和從後院救出來的那四隻貓咪生活在一起。他們都來自同一胎，我們將牠們取名為賽爾達、艾瑪、泰森和小鼠。最初幾個月，貓咪們對於我把一隻又大又黑，總是扭來扭去的生物帶回家很不開心。他們覺得他是一隻很不像樣的東西，或者只是我想像他們會這麼想。他們終於還是原諒我了，而且和小狗熱絡起來。他變成一張大而舒適又溫暖的毛毯，貓咪們總是窩在他身上。這些貓咪對我和女兒們意義重大，我們剛獲救時，他們曾經寄養到陌生人家中，最後才又回到我們身邊，你無法想像這對我和女孩們有多重要。我們曾經失去過幾隻貓咪，有的是因為當時我們沒辦法帶他們去看醫生，還有幾隻是在我們離開後院後搜救人員始終遍尋不著。直到現在我和女兒們想起他們還是會難過，我們希望他們一切都好，自由又快樂地窩在某個人家中的沙發上。

新狗狗剛來的那幾周稱得上是我人生中前幾糟的日子。他病得非常嚴重，前一分鐘還在玩耍，緊接著全身卻不由自主地發抖，而且每吃必吐。我帶他去看獸醫，他們說他感染了「細小病毒」，只有很少數的小狗能撐過這種致命性的疾病。他很強壯健康，也有去接種疫苗，我不知道他是從哪裡得到這個病的。後續好幾天，他一直在跟病魔搏鬥，我必須把他留給獸醫做靜脈引流。離開他讓我很難受。斷斷續續睡了一晚後，我隔天接到獸醫的電話，他說我可以去接他了。我對他這麼快就恢復感到驚訝，他們說他們也很吃驚。他們知道他已經好多了，因為他竟然在咬靜脈引流的管子！帶他回家後，我每次都必須把他習慣上廁所的地方都消毒過一次，因為細小病毒會殘留在土壤裡，不小心可能感染另一隻狗。事實上，這可能就是他得病的原因。

我給他雞肉和米飯當晚餐，加上一些生薑以便安定他的胃。每天晚上我都和他一起睡在沙發上，這樣才能及時帶他出去上廁所，他還有一點拉肚子的症狀。知道他會好起來讓我很欣慰。這次的折磨過後，我終於給他挑了一個名字：公牛。強壯又固執的公牛。

幫寵物取名必須要謹慎。我認為我選了一個很有創意的名字，這個名字彰顯了我這隻新的小狗狗的特質。我心想：小東西，我的星座是金牛座，所以你的名字應該叫公牛。他還那麼小卻經歷了這麼多事。生病過後，公牛長大得很快，也愈來愈固執。（我媽說小時候她幫我取的綽號就是「蠻牛」。）那就是我存活下來的原因嗎？因為固執？

小狗的訓練課程一周一次，當時我想像自己即將成為馴狗師，而我的小狗將會是人類史上最訓練有素的狗。好吧，至少要學會「坐下」和「等一下」。小時候我曾經跟媽媽保證，如果我有一隻狗，我一定會把他訓練得很乖，現在我真的很想證明自己能做到這件事。有時候雖然我們遭遇到不如預期的事，但那卻可能是我們需要的，我很快學到了這一點。我這隻三十磅重的可愛小狗很難訓練，他很有自己的想法。他很黏我，因此我帶著他到處跑。一開始，他不喜歡車子，但在我給他一些獎勵之後，他就決定愛上搭車了。我的指導員說我不應該那麼常解開他的遛繩，也不能放他在家中到處亂跑。她建議我出門時把他綁起來，我試過幾次，但就是做不到。

公牛很快就變成我的跟屁蟲了。出門時我讓他自由待在封閉的院子裡，沒有綁起來，因為我實在做不到。不知為何，你很難要求他做什麼事，但如果配合他的意願來教導他，他就學得很快而且不會忘記。我們每周都到市區學「跟上」和「過來」，持續了好幾個月，我們兩個都覺得很無聊。我成為馴狗師的夢想慢慢消逝了，取而代之的是更珍貴的東西：友誼。我們找到了屬於自己的方法，我學會預測他的反應，藉此教導我想訓練的動作，而這也真的有用。他喜歡規律但我不喜歡，因此我們會互相妥協：有時候晚上玩棍子，有時候早上玩球。他很喜歡和馬一起玩，他的心智年齡還是一個五歲的小孩子。馬兒出來活動場的時候，他最愛沿著固定的路線在外圍跟馬一起奔跑。他是我看過跑得最快的狗，很多時候都讓我想起克拉許。我很高興他能認識克拉許，在克拉許離開之前他們曾經玩在一起。

現在公牛是一隻九十磅重，毛髮光亮、肌肉結實的快樂狗狗。我已經很了解他的腦子在想什麼了。

例如：

- 對我來說，最完美的海灘散步是一邊跑一邊大聲喊叫，然後偶爾在沙子裡頭打滾。
- 就算我有拉布拉多的血統，也不一定喜歡水，別浪費水在我身上！
- 睡前不要讀書，我不喜歡！（這一點我們彼此妥協。他不會直接上床睡覺，而是等我放下書、熄燈後才睡。）
- 真的有事再叫我，不然不要吵我。
- 愛並非總是完美，愛沒有條件，愛是自由。

某一天，他教會了我一件最重要的事：在他不見蹤影的時候，我要能夠控制自己的焦慮。當時我因為一通電話而出門好幾個小時。媽媽說公牛不見了。接到通知時我在一家店裡，或許是沃爾瑪（Walmart），我嚇得心臟幾乎要爆炸。沒事的，我叫自己要冷靜。我打給蕾貝卡，但她正在進行療程沒有接電話。我眼前一片黑暗。如果他沒回來怎麼辦？他可能跑走了，或者被人帶走了，我的腦子裡千頭萬緒在奔騰。他有可能是為了找我而跑到街上，如果走失回不來了怎麼辦？恐懼讓我反胃，甚至無法思考。我告訴自己要保持冷靜，我跟自己保證他不會有事，一切都會沒事。我把淚水忍了下來，然後做好尋找他的心理準備。我記得有一張他近期的照片，我可以張貼在各個地方。一定找得到的，我跟自己說，我努力把不安的感覺放到一旁。我帶著這股不安害怕開車回家，但裝作一切都安然無恙。我的心底對接下來的行動有了個底，這讓我篤定許多。我把車子開上車道，此時情緒再次湧了上來。如果我

我和我的新狗狗（上）
我的新狗狗公牛和他最好的朋友克拉許（下）

找不到他怎麼辦？如果……但是，就在此時，他站在車道盡頭，站在我媽媽身旁。他看到我的車立刻衝過來，我停車，跳到車外直接跑向他。聽起來很肉麻，但我哭了。媽媽在笑，而公牛興奮的程度就跟平常看到我的時候一樣。他往我的身上跳（這是我們還在訓練的一個項目），給我一個濕答答的吻。「你去哪兒了？」我問他，但並不真的期待他會回答。媽媽走過來給我一個大大的擁抱，她說：「小潔，我在後面的小屋裡找到他的。大概是趁我拿園藝工具時趁機溜進去的，他一直都在那裡！」

「夢一個小夢」

二〇一二年的春天，我和我的家人受時尚設計師黛安・馮芙斯汀寶（Diane von Fürstenberg）邀請來到紐約。她的迪勒－馮芙斯汀寶基金會創設了一個「DvF大獎」（DvF Award），她希望可以將「精神啟發獎」頒給我和我的基金會。

搭飛機前往紐約參加DvF頒獎典禮的前一晚，我作了一場夢。獲頒這個獎對我產生了一定的壓力，原因有二：這是我得到的第一個獎，也是我第一次要在眾人眼前演講。過去那個我，那個長期被囚禁在後院的我，對於獲頒這個獎項，以及要在眾人眼前講話感到恐慌，因為我不認為自己有這個資格。當時我還處於「尋找自我」的階段，正在往一個理想的模樣前進。然而，這場夢讓我發現，過去的我是一個容易受驚嚇的小女孩，而夢中全新的那個我，已經有能力做到任何她決心要做的事。是時候放下那個被過去糾纏著的我了。

夢境內容大致如下：

我和女兒們又成了菲利普的囚犯。我們住在近鄰海灘一棟兩層樓的房子裡。透過窗戶我能看見外面的碼頭有如迷宮般往大海的方向延伸。女孩們在後面的房間裡看電視節目《飛天小女警》，裡頭的反派角色魔人啾啾一心想要控制整個世界。我記得我心想，哇，魔人啾啾跟菲利普簡直一模一樣！

衣物和垃圾丟得到處都是，突然間，菲利普走進來大吼，但我搞不太清楚他到底在講什麼。就是一些吼叫聲，一些不連貫的字句不斷從他口中跑出來。一會兒之後他就離開了，他躺在隔壁房的沙發上，把聖經蓋在臉上。南希忙著做自己的事，她正跪著在擦地板。我跟她說我要帶孩子們離開了，接著我就去收拾東西並告訴女孩們要離開的事。南希試圖阻擋我，突然之間菲利普又出現在房間裡，他想要傷害我的小女兒。我撲向他，把他推倒，用雙手捏住他的喉嚨。我正在掐死他，我愈按愈用力，後來他死了，我就醒了。

學到教訓！

到紐約領取DvF大獎的這趟旅程中，我學到了一個很寶貴的教訓。就算有人整天都跟你耳提面命某些事不要做，有時候你還是得親身嘗試過才會學到教訓。對我來說喝酒過量就是其中之一，隨之而來的宿醉是我難以輕易忘記的懲罰。

到了紐約我感覺自己被蜜蜂包圍了，到處都是人群和嗡嗡聲。這座城市彷彿真的有生命，街上有好多人在走路。有輛計程車到機場接我們，行經一座美麗的橋，我瞥了一眼中央公園。我想跟卡通人物「愛探險的Dora」一樣，探索這座又大又新鮮的城市的每個角落和縫隙。不幸的是，我這個人太謹慎了，根本不敢做這種事。被囚禁的經驗會對人產生某些影響，不敢冒險就是其中之一。如果事情潛在著風險，我通常在做任何嘗試之前就先放棄了。一直以來我都是這樣，冒險就像一座陡峭的高山，根本爬不上去，有時候這會令我感到沮喪。我總是想著總有一天我要冒一個很大的險，看看到底會有什麼後果。有一次我確實跑去搭熱氣球，本來我覺得這不算什麼冒險，但事後回想確實是有點危險。我也想過戀愛可能是一種冒險，不知道我會不會有談戀愛的一天？

城市裡的各種紛擾讓我很難集中注意力，我聽見上百種聲音環繞在四周；我敏感的眼睛被建築物反射出來的陽光刺得睜不開。我想試著表現得像這只是潔西・杜加生命中平凡無奇的另一天，但它其實一點都不正常。我像是來到了巨人的國度，不論面對哪個方向都是高大的建築物和摩天大樓。每個街角都有亮黃色的計程車在等待，行經過的每條街上到處都是食物攤販，這是我最愛的部分。我好想跳下計程車，每一種都嘗嘗，經過攤販時我真的能聞到那些捲餅、扭結餅和吉拿棒散發出來的香味。

那天稍晚，我們到飯店登記入住後，黛安邀請我們到她位於華盛頓街的店面兼工作室吃午餐。給我一百年我也料想不到自己有機會和黛安這種知名設計師見面。出發前我有稍微研究了她的故事，我喜歡事先做好準備，才不會什麼事都不懂，因此見面前我已經對她有所了解。她一進到房間就給了我一個溫暖的擁抱歡迎我，我立刻感受到她的親切。她詢問我的近況，以及關於ＪＡＹＣ基金會運作的一些事情。她接待我們一家人的感覺就彷彿我們熟識了許久一樣，然後她邀情我們去逛逛她的店為自己挑點東西，我也挑了一些要帶回家送給女兒們。我自己選了一個很棒的紫色皮包（我最愛的顏色），以及兩條圍巾要送給女孩們。離開時我認為自己交了一個新朋友，而且對即將到來的夜晚感到相當興奮。

那天晚上我對在臉上畫妝彩以及穿漂亮的衣裳還是不太自在，我在羅斯賣場挑了一些穿起來舒適的衣服，然後畫了一點淡妝。抵達後，有人帶領我們來到一間休息室，在那裡提供我們晚餐。明星潔西卡・艾芭也在那裡，我一直忙著跟大家打招呼，因此晚餐只隨便吃了幾口。寫到這裡的此時，我想起了「小城大鎮」（Little Big Town）的那首〈情墜女孩〉（Girl

Crush），潔西卡真的很容易讓人愛上她耶。噢，不，我並不是想交女朋友。（我知道說話和寫文章要很謹慎。人們會用自己的方式看事情，用自己的想法解讀他人。）潔西卡真是親切又討喜，她說她老早就一直想跟我碰上一面。我真不敢相信。穿著大賣場的衣服的我真覺得自己跟那個場合好格格不入啊。

我事先聽說頒獎給我的頒獎人是歐普拉・溫芙蕾。她穿著一身美麗的綠色洋裝走進來跟我打招呼，我好矮，幾乎只到她胸口的高度。她說她一直很想跟我見面，她很佩服我和我的基金會正在做的事。她說能在頒獎典禮上把我介紹給所有人是她的光榮。

典禮開始前，有人引導我們到自己的座位，歐普拉的助理來問我要不要跟她一起坐在前排。我說我很感謝她邀請我，但我真的想跟家人坐在一起。我希望這樣不會很不禮貌。後來想想，或許她有覺得我很無禮，不過這不是我的本意，我只是希望可以一直陪在家人的身邊。我的意思是，十八年真的有辦法彌補嗎？我錯過了小妹的成長，錯過了她學走路的過程以及所有的姊妹時光。現在她已經長大了，就在我身邊，出落得這麼美麗這麼有自信，這一切是怎麼變成今天這個模樣的？

隨著典禮持續進行，很快就要輪到我了。我緊張到了極致，我已經寫好講稿，歐普拉走上台時南妮山羊坐在我的身邊。她宏亮的聲音在會場裡頭迴盪，我聽見了她的介紹，JAYC基金會創辦人——潔西・杜加。哇！好難以置信，我人真的在這裡！歐普拉繼續談到我忍受了十八年用一只桶子上廁所的事……哈哈哈哈，沒錯，那就是我。當時我的緊張指數已經破表了。終於，這一刻來了。如雷的掌聲響起，我走上舞台，燈光好刺眼。我看向黑暗之中，開口說出我第一本書《被偷走的人生》裡頭的第一句話：「大家要先知道一件事，我的名字叫潔西・李・杜加！」之後的事我就不太記得了。我完成演說，感謝黛安家族和基金會頒獎給我，並感謝他們對我的新成立的基金會的貢獻，然後走下台回到座位。

我真的太緊張了，沒有辦法細細感受、享受每一刻。我希望能有多一點時間讓我認識歐普拉以及派對上的其他人。對於自己能在一大群人面前發表演說我為自己感到驕傲，那是我人生第一次的演講。

演講結束後，我整個人鬆了一口氣，甚至忘了自己沒吃晚餐的事。有人送來一杯香檳，我只花幾秒鐘就喝光了，氣泡刺著我的喉嚨，那感覺真好。放著各種小點心的托盤傳來傳去，每一次經過時我都拿一個來吃。我又喝了一杯白酒，我相信之後我又再拿了一杯香檳。我很放鬆，感覺非常棒。當天稍晚，我們決定走路去吃點披薩。我們打算沿著紐約的街道用走的去找一間披薩店。我已經忘了自己對這座城市的恐懼。一小時後我們放棄了，我們找不到想去的那間餐廳，決定在轉角一家隨機遇上的店裡吃就好。真是好吃。我們還帶了一瓶紅酒回飯店。除了小妹和我之外，所有人都先去睡了，最後我們喝完整瓶酒，還用客房服務點一份巧克力聖代來吃。是的，當時已經深夜了，但我們還在慶祝。

我想後來我在沙發上昏了過去，我不知道自己是怎麼上樓回房間的，但隔天早上我醒來時確實是在自己的房間，頭痛欲裂！好像有人拿著鐵鎚在敲一樣，我的頭痛得要命，眼睛像是進了砂一樣睜不開。然而，有時候我就是固執。當蕾貝卡打來問我要不要出去買杯星巴克時，我說好。我們約好到她房間碰面再一起外出。

穿衣服是場災難，我穿了兩條不一樣的襪子，甚至連鞋子都穿錯了。我開始規畫從避難所，也就是我自己的房間，到她房間的路線。她的房間在這座大型飯店另一棟樓的十五樓，因此我必須搭電梯下樓，經過大廳再搭另一台電梯到她的樓層去。我的記憶已經模糊了，完全不知道自己是怎麼抵達第一台電梯的。走經大廳時，我一直在心中告訴自己：站直一點！我很怕有人會指著我大喊：「嘿，你們看！那個潔西．杜加醉得一塌糊塗耶？」

成功走進第二台電梯就像打了一場勝仗，即便這只是短暫的勝利。當時我覺得自己一定做得到，就算燈光很刺眼，我的頭又痛得厲害。然而這台電梯似乎故意與我作對，它的啟動和停頓好劇烈，又幾乎每一樓都停。我看著數字從五變成八，然後停了下來。不，有人！他們走進來時，我告訴自己要「酷一點」，不能表現出不舒服的樣子。

上到十樓，叮，停了，他們走出電梯。咻！又再往上，終於我到了十五樓。我搖搖晃晃地通過走道，覺得自己快要吐了。繼續走，我這樣告訴自己。終於到了一五〇九號房。我敲了門，聽見蕾貝卡回答：「我在浴室，等我一下。」我再敲門，這次敲得更用力。她大喊：「我來了。」她打開門，我瞬間推門繞過她，直接衝進門還開著的浴室。我把門甩上，然後臉部朝下，直接對準那神聖的馬桶，吐得非常、非常劇烈。在那之後，我唯一想做的就是躺回自己的床上。蕾貝卡問我是否還好。不，我不好，我不能去買星巴克了。我問她能不能帶

我和潔西卡・艾芭在紐約的DvF頒獎典禮（上）
與黛安・索耶在紐約見面（下）

我回我的房間。

我們離開房間才沒幾步，我又開始反胃，但她已經把門關上了。我們看到走道上有台房務推車，真是感謝上帝！我過去拿了個袋子，跟蕾貝卡說我不能再去搭那個可怕的電梯了。我相信它是真的想殺了我。她建議我們走樓梯，對當時的我來說，那應該是個比較好的選項。每一階都是折磨，我感覺天旋地轉。我們終於走到最下層，我以為那裡會是大廳，但竟然不是。那是飯店裡一個很奇怪的地方，有點像後台的感覺。我們迷路了嗎？沒錯，迷路了。蕾貝卡向一位侍者詢問我們該怎麼走回到大廳，他指示我們去搭另一台電梯！我不認為自己還能夠走樓梯，因此電梯是唯一的選擇了。

我滿臉都是汗，如果有人這時候進到電梯裡我也裝不出酷樣子。終於，我們回到了我的樓層，我馬上衝向房間。我妹妹在那裡，門已經幫我打開了，真是感謝她的體貼。蕾貝卡已經打過電話告訴她們我的……呃，狀況。回到房間讓我終於鬆了一口氣，我一點都不在意誰知道這件事。

那一天原本要出去觀光，不過我已經不敢多想了，我不可能出去搭巴士。我只想休息，希望至少晚上有辦法去百老匯看歌劇《女巫前傳》（*Wicked*），我們都已經買好票了。我才不想錯過我的第一場百老匯！我告訴他們自己去觀光就好了。

夏娜和葛瑞特，她當時的男朋友（後來變成她的丈夫了，我會在其他章節提到），他們真的很貼心。他們到藥局為我買頭痛藥，以及一顆塗滿奶油的貝果。我根本還不敢吃東西，但真的很貼心，我很感謝他們。貝果確實讓我的胃舒服了一點，然後我一整天都坐在浴室的地板上，因為那裡比較涼爽。我根本站不起來，多麼難堪的一天。我不知為什麼要感到難堪，但那就是我的感覺。我並不喜歡失控的感覺，但我不知道香檳、紅酒和甜食混合在一起會這麼嚴重。我學到了慘痛的教訓。

你可能會想，我從此之後就會遠離酒精了。我確實遠離了很長一段時間，但它最後以另一種面貌爬回我的生命之中，薄荷莫希托[13]！簡直是神仙在喝的甘露。我愛那柑橘和薄荷清爽的氣味，而且最棒的是，我隔天早上不會宿醉。我真的好喜歡喝這個。喝酒是沒問題的，但一定要適量。

13 薄荷莫希托（mint mojito）是一種傳統的古巴式調酒，利用淡蘭姆酒、甘蔗汁、檸檬汁、蘇打水和薄荷葉調製而成。

走上跳板

你應該不認為走路會讓人作噩夢。不過，在被綁架之後，我確實作了一些和走路有關的可怕夢境。有好一段時間，我一直夢到同一個關於「走上跳板」的夢。在這場一再出現的夢中，我從位於南太浩湖的家出門準備走上山丘，晴空萬里的天空沒有一點雲朵。我的穿著跟那時候一樣，粉紅運動褲與印有小貓圖案的白色T恤。那是我最愛的打扮。諷刺的是菲利普把我所有的衣服都燒掉了，因此除了在（噩）夢中，我不可能再見到這一套衣服。

突然之間我的眼睛被矇住了，但仍然持續朝向山上走。就這樣，我什麼東西都看不見地走呀走呀走。全然的黑暗，即使我知道外頭一片晴朗。我感覺到恐懼的出現，但無能為力。突然間路就這樣沒了，我像是踩出跳板之外，感覺自己跌落在半空中。我總是在撞擊水面，同時開始下沉的時候醒來。

我已經很多年沒作這個夢了。剛獲救時，獨自走路在外讓我感到害怕。法院審理針對菲利普和南希．加里多的訴訟案那段期間，在審判前我曾被要求回到太浩市，為警察和檢察官模擬重現一九九一年六月十日那一天，我被菲利普和南希綁架的狀況。蕾貝卡陪我參加了這次行動，能有她在一旁支持讓我很高興。

重新走上那座山丘對我確實是種宣洩，但當時的我覺得很可怕。面對恐懼，重新走上同一條路，並了解不再會有壞事發生，這是對我有益的。蕾貝卡也藉此找出了我對松果著迷的原因，終於知道為什麼我總是請探視我的朋友從各地帶來不同的松果。事情是這樣發生的：我坐在車子裡講著綁架當天的狀況，蕾貝卡帶著一顆松果跑過來說：「你看！這裡就是他們抓你的地方！天啊，怪不得你會想要松果，它一定是菲利普把你拖進車裡之前，你最後碰觸的東西！」在那之後，這項著迷的背後有了更大的意義，轉化成代表著我全新生命的有力象徵。

經過幾個月的恢復期，我有了第一次的獨自散步。那不是計畫好的，當時小女兒學校的校長想跟我碰面，學校就在幾個街區之外而已，因此我決定用走的過去。途中蕾貝卡剛好打電話過來，我跟她說我正走在要去見校長的路上。她在電話中的聲音變得有些驚慌，但我不知道確切的原因為何。她說她馬上來找我，接著就掛上了電話。

過程中我真的沒意識到任何事，直到走到一半時，我突然想起來了！哇，看看我！我正獨自走在社區裡頭。我終於了解電話中的蕾貝卡為什麼會有那樣的反應了。當我轉上通往學校的那條街道時，我看到前面有兩個人在等我。我承認一開始我覺得有點不好意思，但我對自己感到很驕傲。我無法停止微笑，即使我當時很想裝得酷一點，裝作沒什麼大不了的樣子。

蕾貝卡已經向校長說明過我的情況了，他知道我的故事，在學校裡也很照顧我的女兒。

他似乎也很高興能參與到我第一次的獨自散步。當我更靠近時，我看到他們也在微笑，那種感覺真棒。我做到了。我知道我能再完成一次……我也真的又做到了。

後來蕾貝卡告訴我，他們看到有高速公路的巡邏車開下街道來，開始有點擔心。他們開始擔心我的時候，其實我就在那裡，巡邏車經過時我正好要轉過那個街角。

恢復期的前期，有許多隨行人員跟著我：ＦＢＩ探員、受害者辯護律師等等的人。有一天我在蕾貝卡的辦公室等待接受療程，但這些隨行人員實在讓我焦躁不安，因此蕾貝卡決定帶我到附近一條有著陡坡的路上散步一下。聽起來很棒，我被激起興致了。我們全部的人都擠進一台車窗貼著有色貼膜的黑色休旅車，計畫是我和蕾貝卡走在前面，以便邊走邊聊，ＦＢＩ探員和辯護律師在遠一點的地方，保留一點隱私給我們。

這趟散步很累，我的大腿和小腿一下就有感覺了。不過這種熱起來的感覺很好，而且肩並肩走路也讓我們的談話輕鬆許多。在我談到關於菲利普強迫我做的糟糕事時，旁邊的美麗景色真的很有幫助。當時我都要喘不過氣了，談話愈來愈辛苦。到達頂端時，上面連半個人都沒有。我意識到自己爬上來的一路上都在講話，整個人氣喘吁吁，但感覺清爽舒暢。

蕾貝卡碰了一下掛在一棵樹上的銀色樹牌，她說這是一個儀式。後來我每次爬到上面都會進行這個小小的儀式。往下走的途中，我們發現其他人都還沒爬到一半，但我們已經下來了。我記得那天晚上我睡得很香。直到今天運動對我依然很重要，我很愛吃，因此節食不會是我的選擇。我寧願運動也不要限制飲食，所以我大概沒辦法瘦成模特兒那種模樣，但至少能保持還不錯的體態。運動時人體會釋放腦內啡，這會讓你心情變好，更能用正向的觀點看待人生。運動也幫助我在情緒出現時紓解壓力、抵禦憂鬱。我不想再變成後院裡幾乎不太活動的那個人了，但老實說，那也不是我能決定的。當時我是個囚犯。

每當我努力活動身體時，想法會變得更清晰，而且還會提升當天的心情，和不運動時差異很大。尤其是一連幾個假日都只是坐著，沒有努力爬起來運動時，我的心情明顯會變糟；一旦你停下來，就很難找回原本的規律了。如果整天像塊木頭一樣躺在沙發上，我的腿就會開始痙攣，像是在說：嘿，女孩，快起來動一動！

我離開舒適圈，決定申請健身房的會員。一般來說，我不喜歡被注視的感覺，無論哪一種場合都一樣。我很排斥在一個陌生人可以看見我的地方運動，我很容易感到尷尬。

會做這個決定是因為我的大女兒想要加入會員，她是學校跨縣市運動代表隊的一員，很熱愛運動帶來的感覺。我想要是跟她一起做這件事應該會很有趣，或許也能幫助我克服容易害羞的個性，我想要擺脫掉它。我認為年紀對此有一定的幫助，因為我小時候真的很害羞，這讓我很難交朋友。通常最後都是我的朋友跑來找我，而不是我去找他們。我太容易害怕了。長大後，我發現情況改善很多了。並不是被監禁的那段時間，而是後來和蕾貝卡相處，看著有自信的她讓我成長了很多。因此我加入了健身房會員，你知道嗎？我參加了拉丁舞蹈課程。對，沒錯，各位女士先生，我藉由跳森巴舞和倫巴舞來健身。我能告訴你，最糟糕的部分是，我必須面對那麼大的一片鏡子。不過課程很有趣，而且我發現根本沒有人會盯著你看……一個人都沒有。對，你知道為什麼嗎？那塊巨大的鏡子雖然揭露了一切，但大家都在看著自己！

我真的很喜歡去健身房上課，大概持續了六個月的時間。後來我發現自己還是比較喜歡和朋友一起健身或健行，不過我對自己的嘗試感到非常驕傲。它帶給我嘗試新事物，不需在意他人眼光的自信；同時，運動本身對我也是有益的，而且感覺很棒。

我建議你可以找一個夥伴來激勵你。當我最好的朋友婕曦來找我時，我們就會找些事情來做；直到現在，我還是很常和我的良師益友蕾貝卡一起出去健行或運動。我妹妹送給我一個運動型手表當作聖誕禮物，我很喜歡它，它是激勵我完成計步目標的動力。假如我發現一天快結束了，卻還沒完成目標，我就會去踩橢圓機，以前的我根本不可能想像做這種事。這帶來完成某件事的成就感，真的很棒，而且還讓我晚上可以睡得更好。

不批判他人

得到我的第一匹馬之後，我很想再買一隻給女兒們騎。我是這麼計畫沒錯，但最後事情並不如我預期的方式進行。相反的，有另一匹馬走進了我的生命，並教導我什麼是愛。

他的名字叫做艾德，只有一隻眼睛，他因為腫瘤問題失去了另一隻眼。他是一匹紅色的阿拉伯馬，長得很美。我第一次看見他時就愛上他了。我在一份地區性的報紙上看見他要被出售的消息，於是我問蕾貝卡願不願意跟我一起過去看看。

到了那個地方，我和蕾貝卡看見他和他的同伴——一匹很老的小型馬，生活在一個真的只能稱作後院的小院子裡，我們都感到很訝異。當時我腦中閃過了自己被監禁在菲利普的後院的情景。這個院子對馬兒來說真的太小了，主人說，她原本是為了孩子買下這兩匹馬的，現在孩子都長大了，他們只能在這裡度過餘生，沒辦法到處自由走動。而她希望他們可以過更好的生活，因此決定把他們賣掉。我原本不知道一次要買兩隻，一次買兩隻新馬對我來說有點過頭了。

艾德是個很老的傢伙，但看得出來他很討喜。當時的我還有點害怕馬的大小，我不敢騎上我不熟悉的馬。但不知為何，艾德全身發散出一種值得信任的氛圍，我感覺到了，因此當主人問我要不要騎騎他時，我答應了。我在那個後院騎著艾德，一邊思考所有不要買他的理由：你比我想像中的還要老；你還帶著一隻年老的小型馬，已經三十八歲的小型馬，而你也已經二十五歲了，不再是年輕小伙子。我想找一隻可以給女兒們騎的馬，但你只有一隻眼睛。我的馴馬師瑪姬，她如果發現我把你帶回家，一定會殺了我。她會覺得我發瘋了。這條不能買的清單在我腦中愈列愈長，實在有太多我不應該買下他的理由。

我決定睡一覺後再決定要不要帶他回家。當天晚上，我作了一個艾德已經和我生活在一起的夢。感覺太真實了，我無法忽視這種跟他相處的實在感。因此，隔天早上我就做好決定了，艾德和他的老相伴，一隻我們叫他「小鏽斑」的小型馬，來到我家跟牛仔一起生活。

我從來沒後悔買一匹獨眼馬回家的這個決定。然而，不幸的是小鏽斑沒有活很久，他只跟我們相處了一年。他的離去令人十分難過。他的牙齒所剩無幾，因此很容易嗆到，有天狀況變得很嚴重還引發了馬疝痛。馬疝痛是一種與馬的腸胃有關的症狀。獸醫跟我說小鏽斑的內臟全部都絞在一起了，那是我第一次必須做出決定：讓一匹馬接受安樂死。看著小鏽斑受苦我很難受，我知道時候到了。我認為，跟我們相處的這段時光他很快樂。

幾年後，因馬疝氣而失去艾德是一段更難熬的時刻。這些年來我對艾德投注了非常多愛，他是我們馬棚很重要的一分子。

他是個堅強的傢伙，幾乎到了最末期我才知道他在受苦。我不得不做一些決定，其中之一是當你的馬承受著這麼大的痛苦，結束他的生命會不會比較好？小鏽斑生病時我已經做過決定，現在我必須再次面對。決定結束艾德的生命就像將一把刀刺進我的心臟，然後在它仍然跳動時拔出來。我想忘記那份痛楚，但不時仍會記起，我難以抑制我的眼淚。

有一次蕾貝卡的馬，費喜亞出現疝痛症狀。一般來說我的抗壓性很強，承受再極端的壓力也沒有昏倒過。當時我親愛的艾德才剛離開幾個月，看到費喜亞躺在地上打滾，讓我想起艾德死去的哀痛。費喜亞躺在地上的樣子幾乎讓我昏厥過去。幸運的是他很年輕，我們成功幫他撐過了那一次的疝痛。

跟艾德在一起的那幾年，我看見人們對他的各種不一樣的反應、觀感。對我來說，他重新定義了一匹馬真正的本質。我曾經認為馬就是用來騎的，但我發現他們有著更多東西。和一匹馬「混熟」能帶給你連結感和勝利感，這兩種感受在我的生命中並不豐足。

把艾德帶回家是我搬到新家後的第一個重大抉擇。當時我很容易質疑自己，畢竟，囚犯生活並不是什麼增強自信的良方。即便六年過後，我還在質疑自己。有時候，我感覺人們認為我不可以在沒有他人的幫助下自己做決定。我認為我能夠參考別人的想法。然後做出自己的選擇，我被帶走時並非只有三歲！當時我十一歲了，即使還很小，但我已經知道人生不是只有洋娃娃和生日，我知道媽媽做了許多艱難的選擇，我知道當單親媽媽是很辛苦的。幸運的是直到我六歲前，我們都和祖父母住在一起，我知道媽媽為了讓我們有自己的公寓很努力工作。我知道我們沒有很多錢，而大部分的錢都拿去繳帳單或某種叫做稅的東西了。被菲利普和南希綁架的那段期間，我也了解了很多事，但我承認自己絕非什麼都懂。

獲救後，有些人認為我應該是個傻子。這些年來，有很多人低估我，苛刻地批評我的能力，並將他們個人意見硬塞給我，告訴我該做什麼事，該成為什麼樣的人。我想我已經證明他們是錯的了，畢竟我確實正在經營自己的基金會。

我盡量不用不公的臆測來批判他人，因為我自己也不想被那樣對待。然而，我必須承認我會批評菲利普和南希，我無法不批判他們所做的每件事。曾經有一次菲利普把我們帶到舊金山的碼頭做一段「你聽得到我的心聲」的錄音。這件事非常傻，他叫其他人聽他的「黑盒子」，看他們能否從中聽到他說話的聲音！菲利普會請人家戴上耳機，播放一段天線雜訊的錄音，接著他用唇語講出「你聽得到我的心聲嗎？」這幾個字，你就能從錄音中聽到他的聲音。難以置信！沒錯……南希就是能聽見這所謂「超能力」的其中一人。也有其他人點頭說他們聽得見，至少他是這麼跟我說的。誰知道他們究竟聽見了什麼，也可能他們只是在配合他的幻想。真是夠了，但這就是他那瘋狂的腦袋妄想出來的點子，我們還為此在碼頭搭了一個攤位。

有一次，來了一個爸爸和他的女兒，她哭著說不想搭乘三十九號碼頭的3D遊樂設施。我聽到那個爸爸正鼓勵他的女兒嘗試，他說他會在身邊陪她，但她仍然在哭。他們走開之後，菲利普告訴我說，那個人不應該逼他的女兒做可怕的事。我聽了很生氣！我說：「但她必須知道世界上有可怕的事，有心愛的人在身邊總比有一天她得獨自處理來得好。」——就像我一樣。我想補上這一句，但我沒有。他說我錯了，讓一個小女孩感到害怕是錯的。真是個偽君子，我好想大叫。你這個變態，這些年來你都做了什麼？我認為我是對的，我寧願跟我愛的人一起經歷可怕的事，而非獨自面對。你永遠無法知道其他人正在經歷什麼事。或許我錯了，但對錯該由誰決定？或許把艾德帶回家是個錯誤決定，雖然我不這麼認為。

我聽說小鏽斑和艾德在一起超過二十年。小鏽斑是匹老而平凡的小型馬，但有一顆年輕的心。我的小女兒完全信任他，喜歡騎著他散步。艾德有著無邪的心靈，即使我站在他看不見的眼睛那一邊，他仍然相信我就在那裡，只是站在他身邊就讓我獲得了自信。有些朋友說要不是我告訴他們他只有一顆眼睛，他們根本沒發現這件事；另一些人覺得他失明的眼睛讓他們不太舒服，也有人想知道他失去眼睛的原因。

有一次，一位朋友跟他一起在活動場散步。我察覺艾德試圖用失明的那一側面向我的朋友，但每次他這麼做，她就又跑回到艾德看得見的那一側。幾分鐘後，我問她為什麼不想站在他失明的那一邊，顯然他覺得這樣比較自在。她說他看不見她這件事讓她不太舒服，但她也同時知道自己辜負了艾德給予的信任。說出來之後，她就放下了這件事，他們繼續一起散步。

出現在我生命中的這些馬兒讓我學會許多重要的價值。我學會不要把事情看得太嚴重，而去活在當下。以前我一直有個「查明真相」的毛病，我經常問自己：那是什麼意思？我想，對我來說，「查明真相」來自太多的自我反省，以及實際與人們交流經驗的匱缺。有時候我會兩眼發直凝視著空氣，看起來像在認真思考著什麼事，因而沒有留意到身邊的人們。

艾德扮鬼臉（左上）、艾德奔跑（右上）、喜樂自得（喜得[14] say it good）

這麼多年過後，我還是不習慣與人聊天或交談。馬兒使我能夠享受當下，與他們相處時，交流和對話是不可或缺的，他們真的很堅持這件事。這在許多方面都給我帶來幫助。

14 這匹馬的原文名字是「say it good」，簡稱「SID」。在此選擇用「SID」（喜得）回推「喜樂自得」。

一個不完美的人的告白（或，迷你馬到底跑哪去了？）

看起來像是快下雨了，對計畫要帶迷你馬米斯特和歐若拉出門的我們來說不是個好日子。我們要去幾哩外一所和JAYC基金會有合作的學校，這項計畫稱為「『讓我們主動關心他人！』校園營隊」。我們的團隊會到學校去，教導孩子主動關心別人的重要性，無論是在學校或是在居住的社區，一次十到十二個學員。讓他們學會如何尊重自己也尊重他人，如何確保自身安全，更重要的是，要時時刻刻留意身邊的狀況！

我們把迷你馬帶上貨車，準備出發去找孩子們時，並不知道那一天將有什麼在等著我們。有些日子將為你帶來意想不到的教訓，那天就是其中之一。一整天都飄著細雨，但沒造成什麼大問題。孩子們非常期待看到迷你馬，他們一一輪流跟他們一起運動；迷你馬幫助我們了解如何保持適當距離和空間，以確保自身安全。

那天的活動順利結束，我們把迷你馬送上車準備回馬棚。馬兒不想上去貨斗，我們費了好一番工夫才用餅乾哄他們進去。當時已經不早了，太陽也開始下沉。

我開車跟在卡車和貨斗後頭，突然看見卡車開始冒煙。噢，不！卡車過熱了！我們停在一個住宅區，下車評估卡車的損壞程度；看來是不可能把卡車開回去了。我們沒有另一輛能夠拖貨斗的卡車，那要怎麼把馬兒帶回家？我們聽見迷你馬在後頭焦躁起來，因此把他們放出來。我們試圖打電話給一些技工，但時間已經太晚，沒有人接電話。非常絕望之時，我想，嘿，我們把他們放到休旅車的後車廂吧。

其中一隻迷你馬米斯特，他從小就很習慣搭休旅車了，因此馬上跳到車上。他一跳上去，立刻滑倒在堅硬的塑膠板上，而歐若拉根本不想嘗試。我們認為這個方法太危險了，只得放棄。

當我們坐下來絞盡腦汁想方法時，環視了附近的社區，想到了另一個點子。我看到有個男人在他的前院工作，他的車道上有台看起來相當巨大的卡車。我們想，嘿，值得一試。我們過去問他能否幫我們把馬兒拖回家。他用破碎的英文回答「可以，但能很快嗎？」快？我們問。對，他說，他想要看世界大賽，就快要開打了。我們告訴他我們住在哪裡，央求他幫幫我們。他有點不甘願地同意了。我們鬆了一口氣，至少他同意了。

當他栓好貨斗，準備要離開時，又把頭探出窗戶：「你說要往哪走？」我們給他地址。我們知道他不太會說英文，但看起來確實是個好人，而且他的孩子也在車上。

他開走之後，蕾貝卡和我互望一眼，我們讓一個完全陌生的人把迷你馬載走了。我們甚至不知道他的名字或是電話號碼！恐懼開始浮現。我們必須在原地等待拖車來拖我們的卡車，而當拖車一來，我們馬上開車出發。當時我們真的很擔心，信任陌生人這個決定或許是個錯誤。

回家的路上我們打電話給我們的朋友——當地的警長。當然得這麼做！一個曾經被綁架的受害者，而跟她在一起的心理醫師說受害者開始感到恐慌了。我們實在有點愚蠢。我相信警長在接到我們的電話，並被告知發生的事件後，一定覺得我們是十足的傻蛋。我還半開玩笑地問他是否該發布安珀警報[15]。他保持冷靜，以很理性的音調跟我們說，要不要先確認他們真的沒被送回家再報案？要不要先在附近搜索一下，真的找不到再撥電話給他？嗯，我想我們做得到這些事。

我們打電話回家問迷你馬是否已經到家了。沒有。他當然是個好人，一定會把迷你馬送回去，或許只是開得很慢而已，對吧？我們覺得自己全然像個白癡。當我們開到當地大賣場附近時，我們看見他們了！耶！我們齊聲大叫。他和他的孩子們正在停車場安撫兩隻迷你馬。他忘記地址了，只好期待我們能找到他們。我們找到了！因為錯過球賽他看起來有些惱怒，但總之人還是非常好。

他跟著我們開回馬棚，解開貨斗後就回家了。他不願意接受其他東西，而我們給予的回報就只有一聲「謝謝」而已。當天的課程是教導孩子要對環境保持警覺，看來我們那天當然

15 安珀警報（Amber Alert），一九九六年一月十三日，九歲的安珀．海格曼（Amber Hagerman）和哥哥瑞奇（Ricky）於美國德州阿靈頓（Arlington）附近的祖母家騎腳踏車時遭到綁架，四天後遺體被發現，凶手不知去向。因此事件，美國及加拿大地區在發生兒童綁架事件時，警方會透過各種媒體做緊急通告，發布綁架者與受害者的相關訊息。

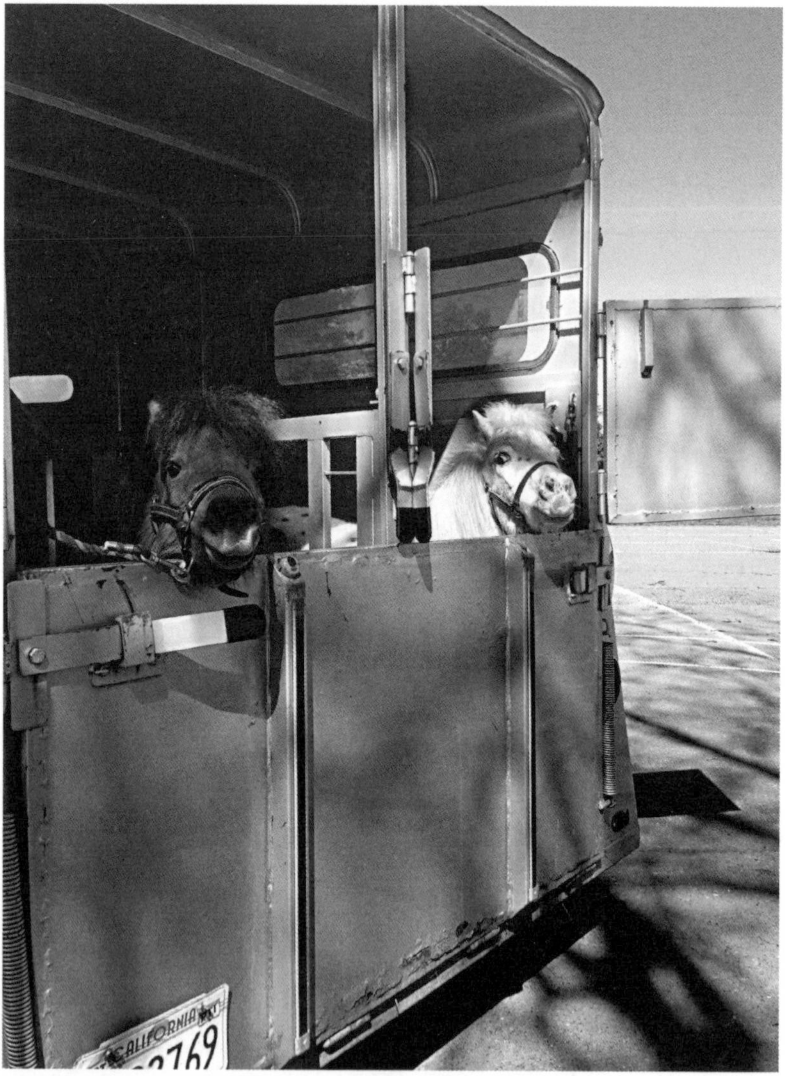

米斯特與歐若拉

是失敗的例子。不過至少找回了可愛的迷你馬！我也從這件事學到，陌生人也有非常善良的，並非如菲利普所說的每個人都是壞人。

星巴克上癮

是的，我承認，我淪陷了。我上癮了，我從沒想過自己會屈服於此，我在此懺悔我的罪。我已經無藥可救、無可自拔地對……星巴克上癮了。正如我剛剛所說，我承認這件事。他們說這種事情總是如此，一開始都很無辜。薄荷摩卡星冰樂，或許久久再來上一杯百香果冰茶。

我媽媽都喝香草拿鐵，但我不是個咖啡人。事實上，有好一陣子我滿討厭咖啡的味道，我無法理解媽媽會對咖啡情有獨鍾。咖啡聞起來像是燒焦的襪子，我覺得一點都不吸引人。然而當發現咖啡竟能創造出這些驚奇的飲料後，我就改觀了。並非完全的轉變，我不喜歡黑咖啡或只加奶球的咖啡，我喜歡那種甜到令人難以置信的東西。我最愛焦糖瑪奇朵又甜，滋味又豐富的味道，額外再淋上焦糖！我的大女兒在我進行低卡飲食時點燃了我的興趣，雖然現在我已經不太堅持低卡飲食了（但我還是盡量做到），焦糖瑪奇朵仍是我最愛的飲料。季節限定的南瓜肉桂拿鐵也是我的心頭好，我總是好奇如果它做成冰飲會是什麼味道，海鹽焦糖摩卡也是。我很確定這些飲料對我沒有益處，但我久久還是會揮霍一次，因為只要我想要，我就做得到！

有時候我會對自己的這種想法感到不可思議。六年前，焦糖瑪奇朵根本還不在我的字典裡。我在日復一日的掙扎中求生存，我從來沒去過星巴克，它也不存在我的未來之中。你曾經陷於人生毫無其他可能性的絕望境地嗎？過去的我就是如此。人生像是一只巨大的輪盤，即便知道它是圓的，有許多數字，有紅有黑，你仍無法確定輪盤停止轉動時小球會落在哪裡。這就是我被菲利普和南希囚禁時的感受。或許某天一切都沒事，你可以安然起床，不會被菲利普因為幻聽而發出的吼叫聲驚醒，但你也可能會被南希抱怨房間雜亂的音響吵醒，她會堅持叫女孩們去打掃乾淨。我恨透了，那種生活既可怕、灰暗又難以預測。我偶爾還會感覺自己是在作夢，噩夢般的監禁生活才是我真正的現實，一旦清醒，現在這一切都將離我而去。我現在的人生相當不同，日子像是一片無際的天空，飄浮著白色的毛絨絨雲朵和各種可能性。這些雲朵會變形，時而下雨，但我能用我愛的事物填滿每一天。

「噢，眞漂亮」

我是在四歲時，和我最好的朋友婕曦相識，我們立即發現彼此都熱衷於「漂亮」的事物，說明確一點：對當時年幼的心靈而言所謂的「漂亮東西」。來自二手商店的漂亮帽子——我的是一頂附有面紗的皮革帽，側邊縫有可愛的小數字；她的滾著成熟的荷葉邊，綁上漂亮的粉紅緞帶。

我們會花上好幾小時盛裝打扮。穿上媽媽高跟的鞋子和大人的洋裝，趁她們不注意時偷偷上妝，在自認差不多能外出展示時，手牽著手走到相機前搔首弄姿，擺出最俗氣的笑容。我們覺得，我們很美。那時候我們大概五、六歲，這就是我們玩樂和增進感情的方式。我也不曉得我們的美感從何而來，大概是從媽媽身上學的吧，也可能是電視，或當時生活中的其他經驗。

這麼多年過去以及這麼多，我應該說這麼多的「事件」過後，我對「漂亮」這個詞的定義已經變得不太一樣了。經歷過太多事情的我，對於所謂的漂亮，已經不像六歲時那麼天真單純，那麼理所當然。我的美感受到污染了嗎？好吧，我得說，確實如此。當一個心理變態的男子綁架你，奪去你認知及熱愛的一切，為了滿足自己跟小孩——一個驚恐萬分的孩子——性交的癖好，然後逼你化妝、逼你「打扮」，你的價值觀會有所改變。我知道我變了。

我離題了，但我內心出現了巨大的矛盾。為什麼會有人綁架十一歲的孩子，接著逼她化妝、穿高跟鞋，為他盛裝打扮？綁架一個小孩，卻又將她打扮做成熟的樣子到底是什麼意思？我知道答案是為了「控制」，小孩比成人容易控制得多。這整件事想來還是令人噁心不已，但根據新聞報導，我知道這種事比我們想像中的還頻繁發生。

菲利普的病態行為讓我了解到我們的審美觀相當不同，我們是二種不一樣的美學標準。記得有一晚，他將我裝扮起來而我在哭，不是放聲大哭，但是我感覺到滾燙的淚水滑下臉龐。他幫我弄好的臉妝被我抹去了，但我又沒辦法收回眼淚。他開始煩躁起來，我必須停止哭泣，我很怕自己繼續哭的話會有可怕的事情發生。菲利普問我：「你在哭什麼？」我跟他說，我覺得我很醜。我記得他看著我然後說道：「你很美，來，你自己看，看看鏡子。」

嗯，我看了。

柏拉圖曾說：「每個觀看者眼中都有自己的美。」這句話是真的，因為我眼中的美和菲利普眼中的美全然不同。他覺得那天晚上的我很美，我不懷疑這一點。那是他的創造物，他從巴士站牌帶回來的女孩，受他掌控，任他隨心所欲的女孩。他為我的容貌感到驕傲，他不明白為何我不認同他的觀點。我看到的只是一個驚恐萬分的女孩，睫毛膏塗抹到下巴，滿臉悲傷，我甚至不認得她是誰了，根本不敢多看自己一眼。我趕緊避開視線，點頭同意他的說法，我不想驚擾一隻沉睡的巨龍。

近來每當我看到社會主流的美，我就會想起那一天，接著想到由此以後自己的轉變。瞥見鏡子裡的自己那一瞬間，我知道「美」對我來說再也不單純，而我永遠不會同意菲利普說的任何話……永遠都不。

我認為美的認知是見仁見智的，確實是「存在於每個觀看者的眼中」。我學會不從他人的外表或穿著輕易對美下定義，要看的是一個人的行為和內心的渴望。並不是說我不喜歡穿漂亮的衣服，買最酷、最新款的鞋，或偶爾盛裝打扮一下；化妝是件有趣的事，我時不時也會做點不同的嘗試。

我現在的課題已經不再是「必須做什麼」，而是「想要做什麼？」對我而言，區分這兩者需要花點時間。因為儘管我已經獲得自由，仍有許多來自社會上的壓力，我們的文化對漂亮、可接受的事物，以及對「正常」的定義都極具批判性。女人化妝、穿高跟鞋（我不太懂為什麼，它們穿起來好不舒服），每個人都想打扮成最新、最時尚，最被社會潮流認可的模樣。這對我們的美感是種傷害，我們許多人已經迷失其中了，包含我也是。然而，生命是一位嚴師，儘管被菲利普迫害的夜晚是很痛苦的回憶，那仍然是一記警鐘，提醒我美能以多種不同的樣貌被看見、被感覺。你的外表不可能時時刻刻保持完美，但人們只會依他們所見來評論「美」。我因此感到愧疚。

有一次我從毛色評斷了一匹馬。漸漸熟識他之後，我才了解他是一匹很棒的馬。他的名

我和婕曦的盛裝打扮

字叫「喜樂自得」，小名「喜得」，我在二〇一三年得到他，他是一匹紅棕色的夸特馬。

一開始我只看見一匹平凡、了無生氣的棕馬。深入了解後我才看見他的美，他有一顆寬厚的心以及無窮的潛能。有趣的是，現在我再也無法只視他為一匹棕馬了。我看見他的毛色有許多層次，我看見他溫柔的眼神，他是能夠感知到周遭的美的一匹馬。

美無所不在，要重新定義存在於自身，或存在於家人身上的美並不容易。儘管我們努力提醒自己，這世界上真正的美並非只在視線所及之處，我仍擔心我們都已迷失其中。提供一個小技巧：用眼睛觀看美好事物的同時，也用心去感受，然後從中取得平衡。

我們對美的定義來自哪裡？我最害怕的是，它來自社會強加灌輸的觀念，或者來自某些沒有道德觀念的人。他們對美的感知是扭曲而不正常的，他們永遠無法真正看見，或真正感受到美的模樣。我仍在思考「美」對我來說有什麼意義，因此我講不出什麼有智慧的話。我只知道，我現在活著的每一天，以及我的自由是美麗的，當我看向鏡子，已經不再看見那個醜陋破碎的孩子，不再是菲利普試圖創造的那種他自認為的美。不，我已經看不到她了，我只看到我內心的美麗。

這讓我想到動物定義美的方式和我們人類有多麼徹底的差異。動物看不到美，也不會以美醜來評價我們。假如一隻貓信任你，覺得和你在一起很自在，他不會在意你的長相。就算你少了一隻眼睛，或兩隻眼睛都失明，甚至臉上長了古怪的膿皰，那匹你正在騎，或你正在為他刷毛的馬也不會在意。動物每天都在教導我們何為美的意義，你曾花時間去傾聽嗎？

顯眼之處

籃球場上的觀眾嘶吼聲簡直是震耳欲聾！我觀賞的第一場籃球比賽是勇士隊對抗國王隊，聽說我們的隊伍在這場比賽終止了一系列的連敗。大概因為我是個幸運星吧！開玩笑的，我想應該是球迷的信念和期望幫助他們走出了低潮，就像我的媽媽始終沒有放棄我，懷抱著有一天我將回到她身邊的希望。這種渴求無所不能。

我沒有到現場看過籃球比賽，小時候也沒有，這是我的第一次。我們拿到前排座位的票，我對自己的第一場比賽感到相當興奮，但我沒想到攝影機會靠得這麼近。當時我對大眾的目光還很敏感，看比賽的時候一直坐立難安。

有事嗎？我只是想好好享受球賽而已。這些年來我曾經和阿姨去看一場美式足球賽（「衝啊，閃電隊！」）、女神卡卡、碧昂絲，以及一場葛斯．布魯克的演唱會。這幾場演唱會都很特別，各有各的特色，我全部都喜歡。我很敬佩女神卡卡，因為她完全忠於自己，雖然風格比較特殊一點；葛斯．布魯克是個很棒的表演者，每場演出他都毫無保留地投入其中。我好喜歡他溺愛老婆的方式，如果有個男人能像葛斯愛崔夏那樣地愛我，應該很不錯。

你或許在猜我還能不能跟男人交往。好問題，但我很難給你答覆，因為我無法預知未來，哈哈。我沒有積極追求愛情，也拒絕使用交友網站。我覺得自己絕對能夠談感情，我受過的傷並沒有嚴重到讓我完全排斥這件事。只是我現在還沒有什麼想法。我看到我的女兒們在談戀愛，我覺得當時機成熟時，我就會遇到一個適合我的人。我很喜歡童話故事和那些浪漫的東西，因此眼光和期待都相當高。除非你能騎著美麗的白馬來我身邊保護我，殺光所有的惡龍，讓我成為一位公主，否則你大概沒什麼希望。

我從來沒有約會過！唯一約過我的是個十歲的男孩。當時我九歲，我和媽媽一起住在公寓大廈裡頭，他和他的爸爸一起生活，他們家的狗有條捲捲的尾巴，是史上最可愛的鬆獅犬。我喜歡那隻狗，也喜歡跟那個男生一起玩鬼抓人遊戲——我記得他的名字是東尼。他會追著我和婕曦繞著公寓大廈奔跑好幾個小時，婕曦當時也住在同一棟公寓裡面。

有一天我在自己的房間裡玩，他走進來問我要不要跟他出去約會。我記得我大笑，心裡想著：這真有趣。為什麼他要帶我出去約會呢？他根本還不會開車！當時的我極度害羞，還沒想過和男生談戀愛的事。對我來說他就是個朋友而已。我才九歲，而且大概是個很無知的九歲女孩。我實在不知道該說什麼，因此我拒絕了。現在我有點後悔，但那時候誰會知道那是我唯一的機會。

進場看第一場籃球賽那天，我幾乎整晚都暴露在大量的攝影鏡頭前面。不過沒有一個人注意到我，我對自己能夠純粹享受比賽感到開心。

然而，那一天讓我想起被囚禁的那些年，我其實處在一個非常「顯眼之處」，卻沒人注意到我。有許多警員常來巡邏，探訪菲利普，他們只要稍微深入一點就能找到我們，但沒人做到。似乎沒有人願意認真關注一個有性犯罪前科的罪犯的生活；或許他們只是不想冒犯到他，或不被允許得罪他的妻子或母親。

重點是，這個令人髮指的犯罪事件影響了我的一生，不止我的家人，也對世界上的其他人造成牽連。這件事同時影響了我的內在和外在。儘管從獲救的第一天我就開始接受治療，卻一直要到幾年後的現在，我才能夠與自己和解，真的接受整個綁架和監禁過程帶來的恐懼。我的直覺、本能，或什麼內在思維過程之類的機制，壓抑牽制住了我的恐懼，因此我才有能力存活下來。

二〇一三年，我決定控告聯邦政府在此綁架案中的失職。這是個艱難的決定，整個過程——包括口供筆錄、心理測驗——造成了一些副作用，把原本潛藏在我內心裡的恐懼又催化出表面。

口供結束後，我作了一些和菲利普有關的噩夢，我把它稱作「陰影夢」。菲利普是一道陰影，而我在一座迷宮內逃亡，迷宮裡的每一個轉角都有一面鏡子。我感覺四面八方都是這道暗黑、巨大又狹長的陰影，每當我試圖逃走，它就變得更大，更加逼仄接近我。

我在清醒時也會出現恐懼症狀。當我在做某件事，例如在花園裡工作時，瞬間會覺得自己身處在夢境中，眼前的生活將會被奪走，一清醒我就會回到那個囚禁了我泰半人生的後院裡頭。

做筆錄非常痛苦，出現了許多意料之外的詭異提問，例如：「你曾經在你的帳篷外面，也就是加里多的後院裡種過花嗎？」這是什麼問題？當時我心裡這麼想道。我個人最喜歡下面這一題：「你比較喜歡有攻擊性的動物，還是溫馴的動物？」還有這則跟我的書相關的：「你在書裡說：『除了很少數的幾次之外，我沒真的作過噩夢。』請問你在加里多的住處有作很多噩夢嗎？」被自己說的話反過來打臉的感覺真是不錯，但我看著她的眼睛說：「寫下這些字句時，或許某種程度我是在欺騙自己。不過，就算我沒有從噩夢中驚醒，也不代表他所做的那些事沒有纏繞在我的腦海中。」我真的不曉得她問這些問題有什麼意圖。難道她認為只需要幾天的時間，我就能走出被囚禁的這段日子嗎？難道她不了解我寫的書，是一個幫助我們往目標前進的有力聲明？達成目標需要時間和努力呀，這可不是一覺醒來就能完成的事！是的，噩夢已經離我遠去，我過著很棒的生活，但傷疤仍然還是傷疤，它能被治癒，卻永遠消除不了。我的傷疤是隱形的，但我能感覺到它的存在，它每天都在提醒我要盡全力好好生活，因為我永遠不知道什麼事會發生；你賦予它意義，讓它對你產生幫助。

有一次律師甚至叫我「加里多小姐」，或許只是口誤，也或許她在試圖惹怒我，讓我不小心犯錯。到底有什麼目的？我似乎成了受審判的人，但我不是罪犯啊，犯錯的是政府才對。當時我滿腦子想著：為什麼我要坐在這張椅子上，讓這些無窮盡的問題來煎熬我？這只是一次疏忽嗎，還是某種我沒預料到的惡意？針對她用那個下流的名字稱呼我這件事，我糾正她，她也只是給我一個道歉。最終，那場筆錄延續了七個小時。

使我更難過的是，我的女兒們也被牽連進了這整個令人失望的過程，但我們都相信正義會得到伸張。大女兒的筆錄過程更是糟糕，他們問她是不是同直聯盟[16]的成員，而那是否代表她是個同性戀？這是什麼莫名其妙的問題？這件事與你們何干？又跟這個案件有什麼關係呢？

我知道這就是檢察官的工作。「這就是我的工作」——我希望她的腦中是這麼想的，希望她說的話並非針對我們。我感覺她只把我們當成工作，忘記我們也是活生生的人。對她而言，這只是另外一件她試圖求勝的案子。是我太純真了，政府本來就是這副模樣。或許政府根本不把我們當做人來看待？我們只是另一件勝訴或者敗訴的案子？是的，假如你問我有什麼事是我想要改變的，我會希望我們能夠被當作人民來對待，而非只是文件上的幾個文字。

16 同直聯盟（gay-straight alliance），北美洲高中與大學中的一個學生組織，目的是為同性戀、雙性戀、跨性別族群及其異性戀朋友提供安全且有支持性的環境。

令人作嘔的事

二〇一三年春天，和家人、朋友一起在華盛頓共進晚餐時，我聽到了有關「克利夫蘭女孩」的故事。媒體不斷地播送關於她們被阿里爾．卡斯楚（Ariel Castro）綁架的事。媒體同樣以浮誇的形式不適當地報導這起事件，她們是三個成年的女人，我能肯定她們並不想被稱為「女孩」。

當時，「國家失蹤及被剝削兒童保護中心」（NCMEC）將在隔天晚上頒發「希望獎」給我，南妮山羊收到了最新消息，並把所有她對她們的了解都告知我們。我又驚又喜，還有人跟我和伊莉莎白．斯馬特一樣！我在高興的同時也深深地感到悲傷，因為歷史又再重演了。上台致詞時，我說：「這是個充滿希望，讓人驚喜不已的時刻！」那是一個充滿希望的活動，也是蜜雪兒、吉娜、阿曼達以及她的女兒展開全新人生的場合。阿曼達讓我有親近感，她也生了一個女兒，而我有兩個。當然，我知道她們的人生和我很不相同，我也不敢臆測她們遭遇過的事。

這對她們來說，只是一連串抉擇的開始。這件事我太清楚了。一看到她們出現在電視螢幕上，我便知道那是對未來和生命懷抱著希望的面容。那個惡毒的男人曾經偷走她們的人生，現在她們又能重新為自己做主了。那天晚上我這麼問自己：她們會怎麼做呢？我的人生也曾被菲利普偷走。他們也會有跟我相同的感受嗎？也會對自己感到不安嗎？時間會讓這一切變得不那麼艱難。每當想起外頭那些掠奪者，我都非常憤怒，他們把其他人當作獵物，為了自身利益毀掉別人的一生。這些混蛋有什麼權利這麼做？他們憑什麼以為自己能夠控制自身以外的其他人？或許這就是問題所在：這些混蛋就是控制不了自己，才需要控制別人。怎麼會有這種人啊？是什麼樣的環境、事件或心智歷程創造出了加里多和卡斯楚？這是一個會影醒我們所有人的問題，我相信它需要得到解答。我們該怎麼做，才能找到問題的答案，阻止歷史一再重演？

我認為上電視節目《費爾醫生》（*Dr. Phil*）接受訪談正是蜜雪兒最需要的事，她正在走出傷痛，重新取回人生的主權。下一步你得考慮的是，你的選擇是否真的是由自己決定，還是別人告訴你該這麼做的？我希望她這麼做對她和她的兒子都有幫助。經歷如此長時間的監禁之後要往前走並不容易。每個人都想當你的朋友，你得花一番工夫才弄得清楚誰是真誠的。某些時候事情會進行得很順利，但並非每天都是晴天，不過即便是在最低潮的時刻，只要活著就有希望。因為你存活下來了，你可以做善事幫助其他人。你從可怕的處境中活下來了，光是這件事就能給予人們生存的希望。同時，這也是很好的機會，使你懂得感謝擁有的一切，珍惜所愛的人，因為狀況原本很可能比現在更糟。我和吉娜與阿曼達最近在NCMEC的頒獎典禮上碰了面，她們的書《希望》（*Hope*）剛剛發行，我很開心能更進一步認識她們，儘管我們的經歷不盡相同，傷痛仍是類似的，而且都需要藉時間來治癒。我希望她們都能找到生命中最重要的事物。當時我們也跟參議員約翰．麥肯[17]先生見了面，他跟我們說：「關於孤獨，我也略有體會。」哇！多麼驚人的一刻，我一次和三位擁有類似心境的人產生了連結！我們都經歷過這些鳥事，但我們活下來了，不僅如此，這些經歷是有價值的，它能為其他人帶來啟發。因此我該好好享受生命。假如我們都以幸福取代暴力，將幸福散布出去，或許能讓世界變成一個更適合居住的地方，從此無需擔心會出現綁架吉娜、阿曼達和蜜雪兒的阿里爾．卡斯楚，或菲利普．加里多這類精神錯亂的人。

17 約翰．麥肯（John MaCain），美國政治家，現職亞利桑那州聯邦參議員，曾於二〇〇八年代表共和黨參選美國總統。越戰時期擔任海軍飛行員的麥肯曾經被俘，遭受拘禁的時間長達五年半。

芭比娃娃對靈魂有益

即使重獲自由已經六年了，在公共場所被認出來仍會讓我感到緊張。儘管我知道大家只是在做他們該做的事，並沒有惡意，但我內心仍然不希望自己暴露在外。我的過去像一道印記深深地刻畫在我的生命裡，不是用常識就能輕易超越的。過去我最深的恐懼是：假如我不守規矩，菲利普可能會想方設法帶走我的小孩。現在我不再為此擔憂，卻也有了新的恐懼。不過相較之下新的問題單純多了。

重獲自由的這些年來，有許多人幫助我用更全面的觀點重新審視我對他人目光的恐懼。例如有一次，我在機場接受安檢時，警衛在檢查我的證件和機票時，露出了奇怪的表情。我當時心想，天啊，他認出我的名字了。說的也是，誰會認不出來呢？他滿臉驚訝地看著我說：「哇，你是那個大家族的一分子對吧？」我花了兩秒才搞懂他的意思：他以為我來自那個達格大家族，以為我是那十九個兄弟姊妹的其中之一！接著他又開口：「我沒想到你這麼矮。」真、是、太、羞、辱、人、了！我真想對他大吼：「無禮！」但我克制住大鬧的衝動，我笑了一下，然後繼續我的人生——我就是只有五呎高！我發現被認出來似乎也沒有那麼糟……似乎。

另一次我就有點太自我感覺良好了。當時我和媽媽跑去市區探險，走在街上時，有對情侶靦腆地走上前來，我心想：來囉，我又被認出來了！我告訴自己要表現得冷靜自在一點，顯示自己對此已經習以為常了。那位年輕女子說，哈囉。我和媽媽一起回了一聲「嗨」。接著那位小姐用很重的口音問我能否拍張照。那當然，我回答。因此我走到他們身邊，將手臂環過那位年輕小姐的脖子，那位先生則用迷惘的眼神看著我。他們一起轉過來對我說：我們的意思是，能不能幫我們拍張照？噢，不！我還以為他們想跟我合照。真是太尷尬了。我臉紅了，努力讓自己鎮靜下來，然後我媽媽幫這對開心的情侶拍完照後，他們就走了。他們一定對我的行為感到莫名其妙。我學到了一個教訓：不要隨便揣測別人的想法！

在人生的某些時刻，你會發現你並非宇宙的中心，你身邊的人可能才是，尤其當這個人高挑、金髮又纖瘦。是的，各位，我有個朋友看起來就像芭比娃娃！說真的，真的很像，我說的是好的那一面。那位朋友是我認識的人裡最聰明的女人，她同時又是長得像芭比的金髮尤物。

初次跟她一起搭飛機時，我才知道真的有陌生人會幫忙把行李擺到行李艙上。嗯，我心想，他們這麼做是因為他們是男士，而且他們看到她了。一開始我以為只有男士才會這樣，不過後來去了一家餐館，女服務生跟我們說現場已經沒有空位。失望的我們決定到吧台閒晃，期待能很快有位子空出來。突然間，「芭比」走過來說：「他們已經把位子準備好了。」什麼？真的嗎？她是怎麼辦到的？我們全部的人都匪夷所思。

她一定是有什麼別人看不見的超能力才能這樣隨心所欲。她根本無需表現自己就會自然成為焦點，我覺得這是個很酷的特質。她曾經教過我，無論事情看起來，或感覺起來有多麼不可能發生，開口再問一次也不會造成傷害。無論狀況如何，只要展現自信，周遭的人就會有所回應。要按這條準則生活其實並沒有那麼容易。

有時候照鏡子，我會看到一個漂亮的人在裡頭，也同時看見我想要改變的部分。我已經學會接受自己的好與壞，我看見眼睛下面掛著眼袋，它提醒我要多睡一點；我看見皮膚沒有光澤，我要多喝一些水。我看著這些，然後心想：那些年我是怎麼撐過來的？我撐到了現在，我還可以看見彩虹。即使我自己無法百分之百做到，我也總是要我的女孩保持自信。我確信自信是發自內心的，但當然外在的影響也有一定的重要性。因此，儘管這不是件容易的事，我相信她們兩個現在都已經長成了堅強又有自信的女人了。

事實上，我原本很可能糟得一塌糊塗。我的自信心從何而來？我是什麼時候才確定自己想要好起來的？我喜歡我自己，我不會騙自己說我有潛力變得跟「芭比」一樣；我會拍拍自己的背，安慰自己低潮是正常的，想睡到中午就睡吧！我對自己說：一切都不會有問題。我做到了，我知道並非每個遭遇過悲慘經歷的人都做得到。我曾經親眼見識過生命能夠糟到何種地步，無論我有多想相信奇蹟，我知道奇蹟只發生在始終相信奇蹟的人身上。

我接受真實的自己，知道自己有許多做不到的事。我也可以把這些限制視為人生路上的絆腳石，但我寧可想辦法去克服。自始至終我都支持著自己，我認為是過去的一切成就了現在的自己，那十八年也是重要的一環。我接受所有發生過的壞事，我不允許生命中的各種「如果」將自己打倒。如果在後院那幾年我放棄希望了呢？那現在的我會變成什麼樣的人？為什麼我沒有放棄？

我認為跟閱讀有關。我讀了很多書，任何主題只要我拿得到，我都讀。菲利普有一大堆自我意象（self-image）和心理自助（self-help）的書，都是他出獄後帶回來的，我讀了所有跟正向肯定、正向行為有關的主題。我們對自己說的話是真的會產生非常巨大的影響，這超乎了許多人的認知。最近我看到一本試圖鼓勵人們運動，教導人們正確飲食的書，但裡頭充斥著許多心胸狹隘、粗魯無禮的評論，我不認為有人能從中吸收到真正有用的資訊。你怎麼可能藉由貶低來驅使對方展開行動？它不是我要的書。每當我聽見，或者對自己說了什麼負面的話時（是啊，我並非總是如你所想的那麼完美！），我就想辦法把它理解成正面的意涵。例如「你怎麼在吃甜甜圈，我們明明正在進行低卡飲食！」我會改成「好，我們吃了一個甜甜圈，但從現在到周末，我們要回到正軌上！」這樣講讓我感覺好多了。或者，當我看到自己的照片，心想：「我的老天，我的手臂簡直是全城第一粗，根本就是兩隻蒼白的豬腳！」我會轉換成：「好，我要去做運動和重量訓練，我的手會變得強壯，充滿肌肉。上啊，女孩！」又或者：「下次我想必要穿件長袖的洋裝了！」老實說，在體重最重的那段時間，我看著鏡子的自己，只覺得自己是健康、有活力的——更棒的是——我對自己帶有缺陷的美，以及擁有奢華的自由感到幸福！

最尷尬的時刻

馬在我的恢復期和全新人生都扮演著重要的角色。他們為我帶來許多新發現、歡笑以及幸福的時刻。更重要的是，他們讓我知道偶爾出糗無傷大雅。有些人可能會因此批評你，但馬從來不這麼做。

這一次，一隻名叫薇克洛的馬給我上了一堂關於「被看見」的課，只是對我來說負擔有點太重了。費喜亞和薇克洛兩匹馬已經陪伴彼此很多年了，無論去哪裡、做什麼，他們都要在一起。因此當一個朋友想要帶費喜亞參加成果發表會時，她鼓勵我也帶薇克洛一起參加。

起初我不太願意。我喜歡學習騎馬的技術，為了興趣而騎。當時我已經學會了一些馬術技巧，信心也比四年前初學時增長許多，但「競賽」這個詞彙對我來說依然很恐怖，而且我不喜歡曝露在眾目睽睽之下。朋友說那只是個非常小，後院型的馬術競賽，而且我是第一次參賽，會跟能力相近的騎師分在同一組。好吧，顯然我還是答應了，因為我現在正在寫這件事。我們往前快轉一下。

當時我一個禮拜跟薇克洛一起練習兩次，學習成果發表會該注意的所有事情。在我自己的活動場，我很有自信，我們也配合得很好。當然，有幾次薇克洛差點就讓我撞上柵欄。儘管如此，我最終覺得自己準備好了。我也會參考朋友的訓練狀況，她是個非常優雅的騎師，看她騎馬，以及聽我們的訓練師指導讓我學到了很多事。她和他搭配在一起真的是一幅很美麗的畫面。

到了比賽當天，我穿上我自己的馬術裝。我根本不知道參加成果發展會需要穿特定種類的上衣和褲子：我應該要穿白色的POLO衫和茶色的馬褲，搭配高筒騎馬靴。不過我找不到適合我小腿大小的騎馬靴，因此我穿了自己的切爾西靴，再加上小腿護套。把馬趕上拖車是我們的第一件任務，費喜亞不喜歡上貨斗，他時不時就會抗議一下。

我們費了好一番工夫哄他上車，當他終於上去的時候，沒錯，你猜對了，時間已經延誤了。我們原本計畫提早一小時到現場，騎著馬兒轉幾圈，讓他們適應環境。現在，因為晚了一個小時，已經不可能做到這件事，去到那邊如果還有足夠時間在成果發表會開始前裝好馬鞍和韁繩就算幸運了。

那天早上霧氣濛濛，目的地在非常偏遠的郊區，像是一趟永遠到不了的旅程。我很緊張，只希望一切趕快結束。我那個分組是馬上要進行的第一場比賽。

終於抵達了，我先去報到，當時我為了保護隱私使用假名。現在回想起來，還好我有這麼做，我可無法想像這丟人現眼的時刻被ABC電視台第七新聞頻道報導出來！我知道你們正在想：潔西，我們還不知道這個「噢，真是尷尬」的事件是什麼呢！是的，讓我們回來講這個故事。

登錄完名字，我收到要別在衣服後面的背號。我是四號，準備好要進行我的第一場競賽了。當我往活動場看去，其他的騎師都已經在賽場上熱身，仔細一看，我發現這些騎師看起來非常年輕；老實說，他們真的很年輕！天啊，我心想，我的對手都只有八歲！多麼尷尬！（等等，這並非「最」尷尬的時刻，只是尷尬而已。）

我是分組中最老的人，我要跟孩子們一起比賽。好吧，我對自己說，我這麼矮，他們應該覺得我跟這些孩子差不了多少。這一天，我成了個高個兒呢！

我上好馬鞍，騎著薇克洛來到活動場。我媽媽遲到了，但她說會在我出賽的時候及時趕上。我寧可她別來，我不想讓她看到我的對手是小孩，不過她已經上路了。我無法專心聽大會的廣播，腦中一片空白，該做什麼事全都忘了，我偷看其他人，然後模仿他們做動作。

薇克洛和我踏上了旅程，我們要沿著活動場的邊緣走到評審所在的另一端。我心中想著，現在的步伐是對的嗎？（過了好一會時間我才意識到自己沒在正確的步伐上，我應該要在她的外方腿[18]收回時站起來，這樣我和馬都會比較舒服並保持平衡。）

薇克洛正在東張西望，她的注意力沒在我身上，她似乎想超越前面那個女孩和她的小型馬。我試圖控制住她往前的衝勁，並用聲音安撫她。不過此時她做了個騰躍，開始加速。噢，不，我心想，慢下來啊，女孩！她似乎以為這是一場賽跑，已經上緊發條想贏下這場比賽。

18 外方腿：在馬術領域中，直線前進時以馬的右腿為外方腿，轉彎時遠離圓心一側的為外方腿。

羞恥的走秀。

我和薇克洛在瑪姬的陪同下走出賽場。

我們處於小跑步的狀態，這完全不該發生在這個場合。當我們跑經下一個彎道時，薇克洛似乎覺得夠了，她停下來，站在跑道上動也不動。我用腿夾她的側身鼓勵她，讓她知道現在不應該停下來，但她沒有聽從我的指示。相反地，他開始往回走，走向我後頭那位小騎師和她的小型馬！那個女孩長長的辮髮上有只漂亮的粉紅緞帶，但她正怒視著我！她大概很想說：「為什麼你不控制好你的馬？」我真的嚇壞了。

我聽見大會一再重複廣播：「能否請四號參賽者控制好馬匹？」「四號參賽者，請離開賽場。」四號是誰啊？我心想，然後我想到了：是我！他們在叫我離開賽場。全部的人都在看我！我好想逃跑，但我逃不了。我必須把薇克洛帶離這裡，但她拒絕移動。我絞盡腦汁試圖回想蕾貝卡和馴馬師瑪姬教我的事。

就在此時，我看見我的訓練員進到活動場朝我們走來。我想要憑自己的能力離開賽場，以挽回一點尊嚴，但同時也對有人前來陪同感到非常感激。我發現媽媽正巧趕上了這場華麗的演出……一點也不華麗！

獲得冠軍彩帶的美夢溜走了。接著我想起我參加比賽是為了樂趣，而不是為了彩帶。至少至少，我已經嘗試過，也學到非常寶貴的一課。我跟那些騎在小型馬上的孩子們，以及他們的家長一樣，非常認真看待這場演出。同時這也讓我知道，朋友永遠會支持你，對你說「幹得好」，即便你才剛在賽場上演出了一次羞恥的走秀。我現在已經正式進入了俱樂部，可以大大方方地說：我有參加過馬匹成果發表競賽。

第一個聖誕節

我對人生第一個聖誕節沒有印象了，但我有一個裝飾品，媽媽總是說：「那是潔西的第一個聖誕節。」當時媽媽甚至親自為它塗色並鑲上玻璃。我記得小時候我很愛跟她一起去逛陶瓷商店，她會讓我挑自己想要的裝飾配件。我很喜歡在旁邊看她工作，看她如何將那些飾品做成冰箱上的磁鐵。我最喜歡一個奧利奧餅乾形狀的磁鐵，逼真到我幾乎想把它給吃了，那塊磁鐵現在仍在我們身邊。

二〇〇九年那「第一個聖誕節」對我們來說非常特別。女孩們當時已經不相信有聖誕老人了，因為種種因素，我無法讓她們相信有人會從煙囪進到屋內，為乖孩子帶來禮物。首先，我們住過的帳篷和房子都沒有煙囪，而且菲利普是個反覆無常的人，常常因為心情不好或不知哪來的奇想而取消聖誕節的慶祝。

我相信聖誕節的意義在於給予，而非獲得——我都是這麼跟女孩們說的。當這個地球上充斥了各種滿目瘡痍的污穢，你很難相信魔法和福音的存在，而且你知道並非每個人的日子都是快樂的。然而，我仍然相信幸福的關鍵操縱在自己手上，無論何時何地，機會出現時你得緊緊抓牢。假如你能仔細留意，就能看見神奇的事在發生；令人難過的是，大多時候它都被忽略了。

我不確定自己是什麼時候開始不再相信聖誕老人的，或許是在被綁架的那一年吧，他沒有帶著禮物出現。不過，我也不確定當時的我是否真的不再相信這件事了。

我知道有些人對於我在經歷這麼多壞事後，還能保持樂觀開朗感到好奇。蕾貝卡和我在療程中曾經探討這件事。在她的陪伴下，我非常努力才克服了我對菲利普和南希的憤怒，是的，憤怒確實存在。

蕾貝卡常常肯定我的韌性，以及我總能在醜陋的真相中找到光明面的能力。她說我讓她想起了《北極特快車》故事裡的小男孩，那本書是關於一位男孩為了與聖誕老人見面而到北極旅行的故事。聖誕老人從麋鹿身上摘下一顆鈴鐺送給男孩，但在回家的路上，男孩發現他遺失了鈴鐺，他因此非常氣餒。聖誕節當天早上，他打開禮物，驚訝地發現聖誕老人給他的銀色鈴鐺就在裡頭。他將它掛起來，聆聽那魔法般的叮噹聲。男孩的父母失望地對他說：真可惜，鈴鐺不會響。他們聽不見鈴鐺聲，但是男孩聽得見，他長大後依然聽得見。

蕾貝卡送我那本書當禮物，她在裡頭寫道：「致那位無論發生什麼事，永遠都聽得見鈴鐺聲的女孩！心懷無比尊敬與愛的蕾貝卡。」老實說，我偷偷認為蕾貝卡也能聽見鈴鐺聲。這就是她能永遠不放棄希望的原因。

有時候我會說出不像自己會說的話，我的意思是，我並非總能深入思考事情。我知道禮物是很膚淺的，生命中有更多重要的東西，但我就是喜歡禮物！無論節日、平日我都喜歡。

收到黛安．馮芙斯汀寶寄來的包裹時，我興奮死了。包裝紙是亮粉紅色的，還附了一張有她親筆簽名的卡片，上面寫著她愛我；非常特別，讓我難以忘懷。這也提醒了我一件事，假如收到禮物的感覺這麼棒，我也應該每年寄送禮物給那些我愛的人。

現在，大廚查爾斯和我每年都會做一種祕密點心送給大家——紅茶蔓越莓磅蛋糕。它已經變成聖誕節的一部分了，通常我會搭配我和媽媽自製的果醬和餅乾一起寄出，包裹裡頭滿滿都是愛。失蹤了這麼多年真的很痛苦，我愛的這些人不可能了解當時的我有多麼想念他們。獲救後，媽媽、妹妹和緹娜阿姨教我和女孩們自製好吃的爆漿花生球和女童軍薄荷巧克力——把麗茲餅乾和融化的薄荷巧克力混合在一起，再讓它們冷卻定型。

剛獲救時，和朋友、家人共度的每一刻都是神聖的。第一個聖誕節到來時，我們還沒有一個永久的家，但我們陪伴在彼此身邊。當時在下雪，好吧，比較像是冰雹。我們住的地方不太可能下雪。有趣的是，我幾乎記得後來發生的所有事，包括氣味和聲音；其實我們並沒有聊什麼重要的事情，但一切卻是如此清晰。我想，在我被綁架的期間，我大概是自我封閉了比如嗅覺等的各種感官。那天媽媽送給我們聖誕睡衣，夏娜從捐贈品中找到了一個乳牛玩具，她在隔天早上拆禮物時讓它發出聲音：「哞、哞、哞……哞哞哞、哞哞、哞、哞、哞」（用冬青樹枝妝點大廳，拉拉拉……拉拉拉）[19]。當年我們收到非常多來自他人的祝福和慷慨的捐贈品，簡直難以置信。菲利普總是說外界不會接受我們，我的女孩和社會格格不入，

19 聖誕歌曲〈用冬青樹枝裝點大廳〉（Deck the halls with boughs of holly）的旋律。

我和夏娜（上）
第一棵聖誕樹（下）

蔬菜動物玩偶（上）
二〇一六年的蔬菜動物玩偶作品（下）

因此我們離不開他；他和南希很肯定我們會因為擔心外人的排斥和羞辱而不敢離開。他們錯得離譜了！大多數的人都對我們很友善，我從未感到自己遭受排擠。有時候倒是有些禮遇過頭了，但從來沒人排擠我們。

在那個第一次的聖誕節，我收到第一支Droid智慧型手機和一台Nook閱讀器。擁有一支專屬手機讓我覺得自己真的是個大人了，我等不及要把所有的功能都設定好。被囚禁這麼長的時間，即使已經二十九歲，你仍會覺得自己還是個孩子。我的任何行動都得經過菲利普的同意，因此在聖誕節得到一支手機對我來說意義重大。我可以在任何我想要的時刻和任何人聊天，我隨時都能打電話叫一份披薩來吃。相信我，這對當時的我而言絕對是非常新鮮的事。畢竟，你如果遭到囚禁，你不可能叫披薩吃。現在我的智慧型手機已經升級好幾回了，我已經換成蘋果的iPhone；事實上，我什麼都用蘋果的。我知道外頭有許多關於手機便利性，哪一支比較好、比較聰明等等的爭議和討論。對我來說，我愛科技只是因為它讓我能和家人、朋友保持聯繫。

我的女兒現在已經長得很大了，一個在讀大學，另一個也即將進入大學。她們讓我感到驕傲。她們對我是如此重要，因此我對她們的成長非常欣慰。你或許會問，既然她們對你的人生如此重要，為什麼不在這本書裡多談談她們？這是我的選擇，理由很簡單：我相信她們有權利保有她們自己的故事。假如有一天她們願意，她們能用自己的方式寫出來。這些年來，我盡自己所能地保護她們，如同全天下的母親保護小孩一樣。

建立新的傳統是件有趣的事。過去幾年，我們會在跨年夜邀請大廚查爾斯和蕾貝卡來家裡製作蔬菜動物玩偶。沒錯，我們用拇指馬鈴薯、胡椒粒、紅蘿蔔、羽衣甘藍、蕪菁、花椰菜、乾豆子，以及菜園裡的其他蔬菜來製作。這項有趣的傳統讓你了解新的一年將會充滿無窮的歡樂和可能性，而且舉辦的規模愈來愈大。每當有新成員加入，一開始他們對這項計畫總是摸不著頭緒，直到創造出第一個作品，他們就懂了，真是好玩。今年我們做了一輛非常棒的南瓜馬車，以及一位名叫「新幾內亞老爹」的蔬菜小人！試試看吧，找來你所有的朋友和家人，開一場蔬菜派對，愉快地為新的一年揭開序幕吧。

我曾經問過這個傳統是怎麼開始的，我以為它會像感恩節一樣有個深刻的意義。蕾貝卡笑著對我說，他們其實只是想讓我們用健康一點的方式來慶祝新年的到來。她說我們剛到過渡之家時，他們為了讓我們彼此產生連結而傷透腦筋；要將一群分開了十八年，興趣各不相同的人兜在一起不是件簡單的事。大廚查爾斯那陣子剛好看到一位名叫亞歷山大．考爾德（Alexander Calder）的藝術家，利用鐵絲創作出小小的馬戲團動物，他因而心想，真棒的點子。那個第一次的聖誕節，我和媽媽、妹妹、女兒們，以及緹娜阿姨圍坐在一張大桌子上做了一個蔬菜動物玩偶家族。

去愛爾蘭看葛斯的那段時光

嘿，你曾經特地跑到某個地方看演唱會，抵達後發現演唱會竟然臨時取消嗎？你怎麼處理呢？嗯，這種事還真的會發生。不過，我可是跟一群超讚的朋友在愛爾蘭，猜猜我們做了什麼？當然是一次玩個盡興囉！

我一直很想去愛爾蘭旅行。我熱愛讀書，很喜歡那些有魔法、妖精和夢幻城堡的故事，我想去看遍所有的城堡。我把這次冒險計畫分享出去，問了許多朋友和家人要不要一起參加。可惜並非所有人都有空，能去的人有我的大女兒、緹娜阿姨、我最好的朋友婕曦，以及我們的共同朋友卡塞爾。幸運的是，蕾貝卡本來就計畫要去了，她帶了她的女兒雀爾喜和兒子克里斯。我們打算全部的人都住一起，共同分攤租金。

這是我第一次出國旅行，我護照上的第一個戳章就是愛爾蘭！

一個星期的時間能參訪的點有限，我們讓緹娜阿姨來安排行程。緹娜阿姨是個很厲害的導遊，我們去紐約旅行時，他教大家怎麼樣過馬路才會像個當地人。她的座右銘是：「別著急！」她是最棒的旅伴人選。我們到華盛頓領「希望獎」的時候，她規畫了一趟賽格威（Segway）之旅。他們播放的前導影片很讓人不安，在你即將踏上那個新玩意兒之前，觀看那些可能降臨在你身上的事根本不會激發信心！大夥兒都很害怕，但緹娜的熱情感染了全部的人，我們就放手一搏了。這真是史上最好玩的東西！跟騎馬有點像，你得彎曲膝蓋，重點是找到平衡感。我媽媽和珍如魚得水般騎得很好，好似已經熟悉這個玩意兒很多年了一樣！漸漸上手後，我們騎著賽格威逛了所有的紀念碑。

我們在都柏林的鳳凰公園附近租下一間可愛的三層樓樓房，它就在動物園的旁邊，愛爾蘭最知名的酒吧「牆中洞」那條街的盡頭，我們去了當地的酒吧，我喝了人生第一杯健力士啤酒。味道很濃烈，我還是比較喜歡淡味啤酒。

載我們去莫赫斷崖（Cliff of Moher）的那位巴士司機非常有意思。莫赫斷崖位於愛爾蘭的西南端，是要花上一整天的行程，中途會在一座小鎮享用午餐。大家都非常期待。我們的司機講了許多跟當地城鎮有關的故事，並介紹沿途經過的歷史建築。我在位子上坐得直挺挺的，不想錯過窗外的任何景色。那天的天氣很好，沒有下雨，聽說這是很難得的一件事。愛爾蘭的雲朵看起來不太一樣，它們比較大、比較蓬鬆，也比較白。很奇怪，司機的故事永遠講不完，但同時又富含一些哲理；隨著當天的行程繼續進行，我後來大概明白是怎麼一回事了。那條「馬路」——如果它真能稱為馬路的話，非常狹窄，巴士兩側車身不斷摩擦到路邊的東西，對向有來車時，還必須開離路面才有辦法會車。當我們抵達巴倫國家公園時，停車對司機來說似乎不是件容易的事，他載著我們在礫石地上顛簸地繞了幾圈，最後車子刮擦到路邊一顆巨石，他才又倒車停到一個沒人知道他心裡怎麼選定的地點上。巴倫公園的景觀非常奇特，就像身處月球表面一樣。我願意花好幾個小時坐在那邊，但才一下子我們就必須前往下個行程了。

我們來到莫赫斷崖，參觀了最知名的景點。長時間搭乘巴士後，下車伸展雙腿走走路真的很棒。斷崖高聳直立在海上，往下俯視能看到洶湧的大浪；不過我不敢太靠近。我拍了張照片：一隻正在花朵裡頭的蜜蜂，背景就是斷崖。我和婕曦爬到燈塔頂端，假裝我們在密切觀察海上是否有遇上麻煩的船隻。緹娜和卡塞爾從底下往上拍照，當我們下去集合時，風勢增強了。這不是一般的風，不，風相當強勁。假如我們有翅膀，一定能乘這陣風起飛，飛到遠方。我們迎著風把雙手和外套敞開，我的頭髮完全被吹到後方，風真的快將我提起來了；如果我轉身背對，風就在後面推著我，同時也非常冷。多麼壯觀的場面。

我們在一處古雅的小漁村停留，享用午餐。令我吃驚的是，當地有家非常可愛的小書店，招牌上寫著「古書店」！這是我在愛爾蘭最開心的時刻，我愛古書。我急忙地跑進去翻翻找找，最後發現了一本似乎是古老愛爾蘭童話的故事書。離去前，我又再四處看了一些，結果找到寶藏了；我在無意間抽出一本書，翻開發現裡頭有一些手繪的音符！哇，好想知道那是誰畫的，又會是什麼樣的曲調？我跟那位在牆角打瞌睡的先生也買了那本書，離開書店的我內心充滿著幸福。我們是在酒吧吃午餐，我朋友的兒子克里斯坐在吧台一邊喝健力士，一邊讀著詹姆斯．喬伊斯（James Joyce）。多漂亮的一幕。吃飽後，只要走到吧台對他們說你吃了什麼，他們就會告訴你應該付多少錢。愛爾蘭人心中自有一個榮譽準則，這是我在美國從來沒有體驗過的。

返回都柏林的車程中，我們的司機停車上了四次廁所。當他第五次向車上的大家提問有沒有人需要上廁所時，我們全都大吼「不」。我們都累了，只想趕快回去。我們早上八點就離開都柏林，而當時已經將近晚間八點半了。當發現巴士又在加油站停下來時，我們都有點惱怒，但還是原諒他了，說不定他的膀胱有些問題。他又開始講那些無邊無際的故事，車子開得搖搖晃晃，好幾度差點擦撞路邊的郵箱。當巴士開上愛爾蘭唯一的高速公路時，我們全都鬆了一口氣，跟這位司機共度的旅程終於快結束了。他突然中斷自己的故事，又再問一次有沒有人想上廁所。我們全體再次說「不」。幾分鐘後，我們聽見他大聲地向我們道歉，但他的「腎臟毛病」又發作了。接著他緊急把車停到高速公路的路肩，然後在路邊尿尿！我笑了，但巴士上有些人笑不出來。我不怪他們，這真的很怪。我很想知道司機在駕駛座那邊是不是有喝點什麼東西。不過最後完好無缺地回到都柏林，讓我很高興，我們下車時，他若無其事地說：「如果你們覺得這趟旅程不錯，請上貓途鷹（TripAdvisor）給我一個好評哦，好嗎？」呃，不，我想這件事不會發生。我想我永遠會記得他，他那些跟「馬寧薯大居荒」[20]有關的故事，以及每個句子之後都要接一句「然~而~」的說話方式。整趟旅行他一直在娛樂我們。

這趟愛爾蘭之旅我體驗了好多事。我和婕曦到酒吧狂歡，我們和等著老婆們來接回家的當地漁夫們閒聊。他們很善良，但口音很重，再加上已經喝了好幾品脫的啤酒，我們其實聽不太懂他們在說什麼。他們講了一些精彩的故事，請我們多喝一輪健力士啤酒。當酒保對我說：「你年紀還沒到吧？」的時候，我其實不太驚訝。拜託，傻蛋，我已經超過三十歲了！天啊，我會有長相與年齡相符合的一天嗎？人家總跟我說看起來年輕是件好事，不過偶爾還是會造成困擾的；在愛爾蘭尤其惱人，因為當地合法飲酒年紀只要十八歲。我們去聽了愛爾蘭的民謠樂團表演，然後我問婕曦她覺得哪個成員最可愛，她說右邊那一個，我就笑了。這一定是因為她沒戴眼鏡，否則我敢保證她會選左邊那位！

八小時的時差很難適應，但即便演唱會取消了，我們還是有許多事可以做，很多地方可以參觀。當地居民對演唱會取消的看法有點分歧，這是一件大事，我敢打賭取消演唱會葛斯自己一定也不好受。這對我們並不造成阻礙，我最想看的是城堡。最後我們看到了許多城堡，但只有參訪其中兩座。馬拉海德城堡（Malahide Castle）是塔波家族的家，歷史可以溯源到十二世紀。走在大廳裡，我想像著生活在如此宏偉建築物中的模樣；為了保暖，起居室總是設在樓上。外頭有一棵美麗的大樹，城堡中的每扇窗幾乎都看得見它；它的名字叫黎巴嫩雪松，已經有超過四百年的歷史。我想像得到曾有無數個孩子在它的樹枝上玩耍——要是我一定會這麼做。

另一座城堡是都柏林城堡（Dublin Castle），這一座比較現代，這些年也經歷了許多次整

20 愛爾蘭在十九世紀曾因馬鈴薯欠收發生嚴重的飢荒，此處作者應是在模仿司機說故事的腔調。

修翻新。我們到地下室去參觀它僅存的最古老的部分，真的非常酷。卡塞爾給了我一分錢，我將它投進古井裡面。馬拉海德城堡跟我想像中的城堡比較接近，都柏林城堡對我來說則有點過於現代了。

另一個美好的回憶是嚮導帶我們騎馬在郊外散步。我原本想像自己會騎到一匹腿長、高挑的愛爾蘭混血馬，但事實上他們給我的是一匹愛爾蘭役用馬，給了我的朋友婕曦一匹腿長又優雅的馬！嘿，這匹愛爾蘭役用馬倒是跟我有一些共通點：我們都很強悍、健壯又可靠。再加上婕曦後來被她的馬咬了一口，顯然我得到的是一匹好馬。我們從一處修道院遺址出發，有一些馬拉康尼小型馬在旁邊鬱鬱蔥蔥的草原上慢慢地吃著草，行經的森林裡綿延了好幾哩全是蕨類植物。在森林中飛馳太有趣了，我的馬跑起來非常穩健。嚮導說這裡唯一的獵食者是一種小型狐狸，但有些地方的蚊子簡直要將我們生吞活剝了。

整趟旅行最可怕的事件是：緹娜走丟了。當時我們分散各自逛街，約定了一個大家都知道的商店集合。那是我們在愛爾蘭唯一下雨的日子，下得非常大。我們在集合時間準時碰面了，除了緹娜！我們在那個街角等了一個小時，非常可怕，我開始擔心起來。我們只有一支手機，而它不在緹娜身上，因此沒辦法打電話給她。我心中想著她是不是發生什麼可怕的意外了，她到底在哪裡？我們決定先派兩個人搭計程車回租屋處，再打電話回報緹娜是否已經回去那裡；我們希望她有記得租屋處的地址。我決定留在現場，並把手機帶在身上，無計可施只能等待的感覺很煎熬。我體會到一點失蹤那些年媽媽的感受了。終於電話響了，聽到電話那頭緹娜的聲音說自己沒事時，我大大鬆了一口氣，她說她找不到集合的街道，只好先搭計程車回去了。我很開心她還記得地址，要是我處於相同的狀況不知道會怎樣。

回程是我人生第一次搭十二小時的飛機，這是最難熬的一次體驗。大部分時間我設法讓自己睡著，醒著時就隨便看些電影，那有助於加快時間的流逝。不過這段待在密閉空間的時光仍感覺相當漫長。以後我要盡量避免搭乘長途飛機，但如果你想培養耐心的話，倒是一種不錯的練習。

我會永遠記得這趟旅行的大小事，以及那些善良又令人驚喜的人。希望有一天我能再到愛爾蘭，來一趟全程騎馬的旅行！

在華盛頓騎賽格威

在莫赫斷崖被大風吹走（上）
我和婕曦在莫赫斷崖被大風吹走（下）

愛爾蘭的古書店（右）
我和婕曦在愛爾蘭的酒吧共享一品
脫的啤酒（下）

緹娜阿姨和我在愛爾蘭一座古堡前。

在愛爾蘭，騎在馬背上。

最沮喪的時刻

我非常認真看待開車這件事，它並非人天生具備的權利，是我極力爭取來的。因此收到第一張超速罰單時，我相當驚訝。當時有場董事會議，我快遲到了，「遲到」不就是個會讓人喪失所有理智的事嗎？我一心一意只想趕到我該去的地方，對車速限制一類的事沒有特別留心。

那條路我已經跑過無數次了，我知道速限一眨眼就會從每小時五十五哩降到每小時四十五哩，但我卻沒有減速，我聽見後方傳來警報器的聲響。當時我還漫不經心地以為警察只是想加速超過我的車。因此當他跟在我後面停到路肩時，剛剛說驚訝只是相當保守的說法。

我的腋窩在零點二秒之內就濕透了！我將車子熄火，搖下駕駛座的車窗。我開始回想電視節目中警察攔車時的畫面，他們總會說：請出示駕行照。這個詞不斷地在我的腦中重複播放：駕行照、駕行照。我一面翻找證件一面心想，我的天，是誰在我的置物箱裡放了這些垃圾？我就不能整齊有序一點嗎？緊張時你總會冒出一些莫名其妙的想法，真可笑。我終於找到那些證件了，然後再從皮夾裡抽出我的駕照，耐心地坐等把我攔下來的警察。

雖然已經演練過該說的話了，我還是緊張又害怕，我擔心事情會出錯，他可能會把我當成瘋子、醉漢或白痴！我滿心以為他會從駕駛座這邊過來，因此當他為了安全起見（廢話！），從副駕駛座那一側跟我說話時，我嚇得跳起來，整個頭撞上車頂。他敲敲車窗，我把它搖下來，他問我：「女士，你好，你知道你剛剛開得多快嗎？」我心想，呃，想必是很快，不然我也不會被攔下來。

為了防止自己出糗，我只簡單地坦承：是的，我知道，我很抱歉。我非常抱歉，不僅是對開車時沒有留意到速限感到抱歉，也對我現在只想快轉跳過這段過程的心態感到抱歉。他說了熟悉的那句話：「女士，請出示駕行照。」我把證件交給他，傻傻地問他那些資料是否就是他想要的。他說是，然後問我是否住在附近，我回答是。他說我必須把證件上的住址改成現居地的地址，我笑著回答說，因為媒體會找我麻煩，基於隱私考量，我沒辦法更改地址。我跟他說當地的警長知道我的狀況，他也允許我這麼做。我以為講出警長的名字會發生奇蹟，這位警察應該會說：噢，你認識警長。那你走吧，這次就當作警告。我以前在電視上看過這種橋段。現實生活並非電視節目，這種事當然沒有發生。相反地，我聽見他低聲說：是啊，小姐，我們大家都喜歡保有隱私。他看著我，似乎以為我瘋了，當下我就知道他完全不知道我是誰；即便檢查了我的證件他也沒有認出我。我一直覺得自己的名字很特殊，瞥一眼就會被認出來了，但顯然這位先生並沒有。他只認為我是某個自以為是的小姐，為了某些他毫不在意的古怪原因在訴求「隱私」。

他只是在執行職務。他又看我一眼，當我正想著接下來該說什麼好的時候，他走回了他的車上。我不確定他是不是想起我的故事了，但他最後只是帶了一張罰單回來，告訴我從此刻起，要按照速限行駛。在他面前要把車開走壓力很大，我感覺自己正受到監視。當然，或許他正在處理另一件事，但我還是閃了閃方向燈才把車開回快速道路上，然後一路保持在速限內開去參加董事會議。

我拿第一張罰單來當遲到的理由，四處傳來笑聲和哀悼，但聽到大家討論起收到第一張罰單的經驗讓我很高興。我不覺得自己犯下了什麼大錯。全世界的人都會犯錯，我只是其中之一罷了。

異地之旅

當前往貝里斯一處名叫「猴河」村落的機會出現時，我完全不想錯過。猴河一名，聽起來美麗，還相當富有異國情調。一個有猴子也有海灘的地方！算我一個！

這趟旅行的訊息來自蕾貝卡，她和她的丈夫大廚查爾斯，以及她們的女兒雀爾喜已經在規畫行程了。蕾貝卡和此次旅行的發起人泰德是舊識。在她的成長過程中，曾和家人一起到緬因州海外的豪特島度過好幾個夏天。泰德是他們的家族友人，也是當地政府部門的首長。猴河是泰德的認養村落，已經有許多志願者曾在他的帶領下前往當地服務，不過這是蕾貝卡和她的家人第一次參與。

當我獲得更多旅行的相關資訊後，我了解這並非純粹的度假。泰德告訴我們二〇〇一年的颶風艾瑞絲對猴河地區以及當地居民帶來重創。該地的資深漁夫——泰德，便創立了猴河計畫，幫助這個孤立的社區進行重建，並教導漁民用永續的技術捕魚。他每年都定期號召志願者參加志工旅行。

讓自己置身於一個全然不同的文化，而且有機會幫助他人，這個想法深深吸引了我。我從沒到過第三世界國家，我想要挑戰自己。這個絕佳的機會真的太難得了。

我把這趟旅行的訊息和朋友們分享，但是大部分的人都離不開他們的忙碌生活。除了卡塞爾——我在二〇一二年婕曦婚禮上認識的朋友，他不願錯過這一次冒險。

做出最終決定之前，我得先確認這次旅行是否牽涉任何傳教的成分。在後院與菲利普相處那麼多年之後，我已經受夠了傳教這件事。不過只要人們能不影響他人，或者只在他人提問時分享想法，我都真心尊重每個人的信仰。他們跟我說這趟旅行是非宗教性的，跟任何信仰都沒有關聯。

儘管這次的冒險有著許多有趣、刺激的部分，我也明白其中包含需要投入勞力的工作。最初我以為泰德想找的是擁有特殊技藝的人。我從來不覺得自己有任何特別的才華，也不確定自己有沒有能力做出貢獻。小時候我一直嚮往著自己能擁有某種很酷的特殊才華，例如跳舞，或用鼻子吹泡泡！很明顯的我欠缺天分，但我還是想去。我不在意辛苦的勞動，我也能打釘子。況且，我才不想錯過浮潛和參觀瑪雅金字塔的機會。

我對自己這些日子以來獲得的一切感到感激，我真的想回饋給其他沒有那麼幸運的人。況且，能去一個沒人認識我，也沒人知道我所有經歷的地方，這樣的機會實屬難得。過去有些組織會跟我聯絡，表面上似乎是對我有興趣，但其實只是想利用我來為他們自己做宣傳；擁有自己的基金會才讓我真的能做我想做的事。現在我只想到猴河去當一個付出己力的普通人。

二〇〇一年之後，儘管這個地處偏遠的小村落不斷被海洋及風暴圍攻，它仍表現得非常堅毅不拔；它在九一一事件後的那一周遭受巨大颶風摧殘，小小的沙灘有超過一哩面目全非，重創了當地的觀光業。

這趟旅程的目標是清掃當地的教師宿舍，確保房子之後能給教師們居住使用。猴河村有一所國民小學，除了猴河村外，它的學區也延伸到河對岸的其他地區。那些孩子們每天都得搭船渡河來到學校所在的村落。年紀較大的學生則從猴河區搭巴士前往一小時車程外的高中。偶爾因大雨而淹水時，他們就得耗上更多時間才能到學校。

降落到貝里斯機場後，我通過了人生第二個海關。我們馬上在機場外見到了泰德和志工團的其他成員。蕾貝卡找到了泰德，將他介紹給我們認識，他也將其他志工介紹給我們：東尼、傑克、瑞秋、彼得，還有華特。我們計畫在當天晚上從貝里斯前往猴灣野生動物保留區。

唯一的問題是，一輛小貨車一共要載十一個成人再加行李。每個人都有一只行李箱和一個後背包，這需要非常專業的收納能力才有辦法完成！最後我們全都成功上車了，只是真的非常擠。

噢，我有說了嗎，車上：沒、有、冷、氣！當時溫度約是攝氏三十度，全部的人堆在小貨車上，感覺又更熱了！然後，我又會暈車；不過為了搭飛機我事先服用了「導安錠」，因此沒什麼問題。道路非常狹窄，儘管泰德駕駛技術很棒，會車時我們還是跟交錯而過的卡車靠得非常近。哇，我簡直無法相信我們竟能安然無事地抵達目的地。

猴灣野生動物保留區是許多來自各地的研究員研究貝里斯生態系統的地方。當天晚餐吃捲餅和豆泥，配菜有地瓜糕以及羅望子和鳳梨汁。我們睡上下鋪，我熟睡得像塊石頭，但其他人說他們難以入眠。

自從愛爾蘭之旅過後，蕾貝卡和我開始規律健身的習慣以維持勻稱漂亮的體態。出門度假很容易誘使人放棄運動，但我實在不想變得鬆垮！在貝里斯的第一個早晨，我和蕾貝卡出去慢跑。我們沿保留區的一條泥濘小徑跑了約一哩直到錫本河（Sibun River），那兒與當地的天然游泳池連接在一起。不過就連我都覺得那裡有點髒，哈哈。我們回到保留區沖澡。竟然沒有熱水？所以我沖了史上最快速的一次澡。

我們所有人再次擠上小貨車前往貝里斯動物園，看見了美洲虎、巨嘴鳥、吼猿、豹貓，還有許多當地才有的動物。中午在貝里斯首都，貝爾墨邦當地的農夫市集用餐，我們選了一家名叫「戴利亞斯」的小吃攤。

午餐後展開了一場為時兩小時，前往猴河村的旅程。前往猴河村坐落的小灣的一整條路都非常顛簸，抵達後，我們換乘汽艇渡河才到鎮上。從汽艇望向對岸的小鎮是一幅美麗的景象：棕櫚樹迎風搖曳，椰子落在地上，人們從事著日常工作，還有許多狗狗在附近閒逛。

在村莊停留的這段時間裡，我發現當地的狗狗們自成了一個與這個獨特環境相符、具有社會體系的群落。其中有一隻狗深得我心，不知道為什麼，這隻狗一直跟著我到處走。我保證我沒有給他任何好處。我們從一開始就被警告說有些狗並不友善，不建議我們和狗有接觸。雷克斯，不知道發自什麼原因，他喜歡我，而且不管我到哪裡，都可以看見他跟在附近。他是一隻比特犬，真的好可愛好可愛。

每次看到雷克斯跟在後面總是讓我會心一笑，他真的是無論到哪裡都跟著我。有一天雀爾喜、蕾貝卡和我決定去游泳，雷克斯做了件有趣的事。那裡因為海岸侵蝕而有一片長長的淺灘，當時我走進了舒服溫暖的水中。我可以往海的方向走上好一段路，但不至於整個人泡在水裡；這樣真棒，因為當你坐下來，就像是坐在浴缸裡頭！當我愈走愈遠，突然聽見身後有人大喊：小心鯊魚。我轉頭看到他們在沙灘上，對著朝我划水而來的那隻狗大吼。即便要碰水，雷克斯也不願和我分開，他是那麼可愛。我們要離開小村落時，這隻狗真讓我依依不捨。我希望他現在仍是我記憶中的那隻可愛的狗。不幸的是，村落中有半數的狗不會被結紮。不過我知道雷克斯有個很棒的主人，他一定會好好照顧他和他其他的狗夥伴。

猴河約有兩百名居民。招待我們的是飯店的老闆黛布拉，所謂的「飯店」其實就只是一座兩層樓的荒廢棚屋。房子的樑柱看起來岌岌可危，被白蟻蛀蝕得很嚴重，我真不敢相信它竟然還能站著。過去我確實住過帳篷，但狀況也沒這麼糟，這裡的居民真的很貧窮。

我們在飯店裡到處探查，發現樓上和樓下各有一間浴室。馬桶的沖水系統不太靈光，而且有隻超大的蜘蛛住在裡面，他擁有史上最長的長腿，希望我晚上不會有尿意想上廁所！每間房住兩個人，雀爾喜和我一起住樓上。我們也分組用餐，兩人一組，按照表訂的順序輪流到各個招待家庭用餐。我們會和招待家庭一起吃早餐、午餐和晚餐，兩天後就換到下一家。

卡塞爾是我的晚餐夥伴，我們第一晚跟凱瑟琳一起用餐；她做了燉雞肉、黃米飯和沙拉。她已經在猴河當了十六年的老師，有六個小孩，八個孫子。後來我們和志工團的一些成員一起坐在海邊，以啤酒為這個夜晚收尾。大海的聲音是如此令人放鬆。

其中一位志工華特是個醫生，他想在我們停留當地的期間設立臨時診所幫居民看診。這個小灣區域沒有醫生，發生較嚴重的狀況就得搭船到最近的城鎮裡就醫。我們花了兩天清出一間小診所，後面的浴廁裡有一個兩呎長的白蟻窩，噁心！雀爾喜、查爾斯和我負責掃地拖地，蕾貝卡清理廁所，彼得修燈泡。診所在星期一開張，而在我們駐在當地的那整整十天都沒有休息，排隊看病的隊伍從沒斷過。沒有一個全職醫生在這裡幫忙看病，讓我為他們感到難過，我想起我的孩子在成長過程中也沒有醫生照料，每每她們生病時我也總是憂慮不已。

卡塞爾、雀爾喜和我跟村裡的孩子們一起踢足球。單單只是跑來跑去、一場比賽踢來踢去就很有趣，我開心得都快笑死了。誰知道跟朋友踢足球會這麼好玩呢？

卡塞爾和我在凱瑟琳家吃午餐，我第一次嘗試炸竹簽魚！但這真不是我的菜。感謝上天，我還有豆子、白花椰菜和綠花椰菜可以吃！午餐後，孩子們帶我們到海邊游泳，我們也到一棟破敗的老房子裡探險；我也第一次看見當地的學校。

那天我甚至還有時間午睡，踢完足球以後睡個午覺很舒服。起床後，我散步到海邊去拍照。誰知道此時開始下起雨，因此我跑去伊凡的酒吧躲雨。這個地區常常會有午後陣雨，狗狗們都知道要躲在哪裡才不會被雨淋濕。查爾斯來喝咖啡，他也坐了一會兒等雨停。

當天稍晚，船把建造整修教師宿舍的材料送來了。志工團卸下這些貨物，我也幫忙搬了那些整修用的木材，我們計畫在隔天早餐之後開始動工。

那天的晚餐是龍蝦炸餅、米飯、豆子、沙拉、炸香蕉，點心是香蕉麵包。全部都非常好吃，不過炸餅裡頭的蝦殼不太容易吃下去。

在猴河，你不可能睡過頭。公雞每天清晨三點就開始啼叫，接著輪到吼猿，然後狗也開始吠；早上並不是安靜祥和的。不過我本來就不是為了放鬆才到那裡去的，是為了體驗新事物，而我也確實得到了新體驗。

蕾貝卡和我每天早上都會做運動，即使心裡很想躺在沙灘上放空，我們還是督促自己動起來。當地有些女士跑來看我們做運動，我們問她們要不要一起加入，後來我們組了一個「猴河健身團」。很快地，有許多當地的女士都加入了每天早上的例行運動。我們發現當地的女人因為體重過重，糖尿病的問題很嚴重。有位年輕的小姐聽到蕾貝卡已經五十三歲嚇了一大跳，她表示：「她應該要死了才對！」在這個地方超過五十歲還能保持健康是件不正常的稀罕事。

我了解到即使是在一個小型的熱帶聚落，貧窮對食物的選擇還是有很大的影響力。過去當地有許多村民務農，新鮮的食材得以穩定供給，但後來香蕉園的入駐使得當地的農夫無法生存，他們便開始進口食物，但是那些食物大多不新鮮。健身活動為這個小小的灣區帶來了創造力，我們利用身邊可以取得的物品健身，椰子也被當成重訓道具來使用。

儘管我沒有宗教信仰，在星期天到教堂觀察當地的習俗仍是很不錯的體驗。我們在早餐過後上教堂，志工團的領隊泰德做了一次非常棒的布道，接著我們一起唱聖歌。這是一種讓社群成員之間產生深刻連結的好方法。

當天稍晚，我和卡塞爾、東尼，以及一些當地的男孩去釣魚，學習如何使用魚鉤和釣線。學習新的事物很有趣。我捉到了人生的第一尾小魚，然後再放他走。晚餐後，我們在伊凡的酒吧一邊喝啤酒，一邊看超級盃的比賽。伊凡的酒吧是當地居民的娛樂場所，它是一間結合酒吧、商店和餐廳的店。

那天晚上我們到新的接待家庭用餐，主人的名字是德里娜，最後一天她還送了自製的椰子油給我和卡塞爾。德里娜為我們準備了梭魚、黑豆和玉米餅。梭魚不是我的菜，不過我還是吃了半尾，卡塞爾幫我吃完剩下的部分。吃飽我們又回到酒吧看比賽，但我決定到戶外看夕陽，呼吸新鮮空氣。

通常我都在七點享用早餐，早餐後我會到伊凡的店裡喝一杯星巴克的即溶摩卡。我買了各種口味的即溶包帶在身上，出門永遠別忘了帶上星巴克！

教室宿舍的工程每天持續進行。我們先去除牆壁上的霉和白蟻蛀蝕的部分，每一面牆幾乎都需要處理。完成後，查爾斯、傑克、卡塞爾和瑞秋開始噴灑消除白蟻的藥劑，而東尼、蕾貝卡、雀爾喜和我則去釣魚。我用魚線、魚鉤和餌捕到了另一條魚。我們在外頭待了約兩個半小時，然後我身體有些不舒服，因此雀爾喜、蕾貝卡和我搭船回到猴河，而東尼則往上游去捕一些更大的魚，例如梭魚。那天晚餐吃炸雞、薯條和墨西哥薄餅。我通常在晚餐後會去沖一個戰鬥澡（用冷水沖，哎唷！）。

有天晚上，當地居民跟我們說那是一個適合到河裡看鱷魚的晚上。我們因此跑去海邊碰碰運氣，我什麼都沒看見，但月亮很圓，大海很美。

第六天，我們為教師宿舍立起了一面新牆。大多時候我都請人幫我扶著牆，然後我打上釘子。白天的工作結束後，午餐吃了炸雞、薯條和馬鈴薯沙拉。午餐後繼續工作，之後才到海裡游泳清涼一下。

當天晚餐在伊凡的店裡享用，他為我們準備了義大利麵和蒜味岩蝦，非常美味。這是第一次卡塞爾沒辦法接收我吃不完的魚，他感到非常失望。甜點的話，伊凡準備了淋有焦糖醬的蛋糕。其他人吃完他們的晚餐也來到店裡，覬覦我們的蛋糕！

隔天一早，我們六點就溯河而上，出發前往叢林。汽艇行駛在河中，四周的景致非常優美。我們的嚮導是梅爾薇芮的爸爸戴羅，梅爾薇芮是我們在當地交到的一個朋友，她在村裡開了一家販售手工珠寶的店，我們離開前她還讓我們一人選一件飾品帶回家；我選了一個魚的形狀的飾品，是個很能代表這趟旅行的紀念品。

在河上，戴羅沿途向我們指認各種鳥類，還瞥見河中一隻鱷魚。我們甚至看到有棵浮出水面的腐爛樹幹上掛著幾隻小型蝙蝠，戴羅指著那六隻蝙蝠中，最中間的那隻公蝙蝠，他的身形最小，最容易辨識。

接著，他要我們看一棵非常高大的樹，第一眼你會覺得樹上掛有無數的枯葉。其實，那些枯葉都是動物的巢！一棵樹上大約就有幾百個巢，戴羅說這種樹很少見，而有些特定的物種就是喜歡在它上面築巢。

行駛約四哩後，我們靠岸進入叢林散步。我們全身上下都噴了防蚊液。在某些區域你能看見有一大群蚊子等在那邊想吸我們的血！戴羅帶我們見識許多原生的樹種，並說明它們的功用。其中有一種樹的樹皮可以用來治療毒蛇咬傷。

有一刻，嚮導把我們留在一處空地，自己去尋找哪裡有吼猴可以看。我必須承認被丟在叢林裡有點可怕，我們全都有點緊張。大廚查爾斯一直想要脫隊去探險，我們吼他，叫他跟大家待在一起！終於，我們的嚮導戴羅回來了，他帶領我們到一群吼猴聚在一起的地點。他們過了好一會兒才出現，戴羅說因為受到滿月和潮汐影響，他們會睡得比較晚。猴子們在樹上非常高的地方，很難馬上找到。嚮導警告我們要保持警覺，因為他們可能會往我們頭上尿尿。猴子總共有四隻，其中一隻身上還背了小寶寶，他們也為我們表演了幾聲吼叫。幸運的是，他們沒有在我們頭上尿尿。回猴河的路程船開得很快，非常好玩。

回到猴河時大家肚子都很餓了，我們在伊凡的店用餐，吃了洋蔥雞肉湯配椰子米飯，非常好吃。午餐後開始施工教師宿舍的天花板，大概完成了一半後，東尼、傑克和彼得跑去釣魚。有些人留下來繼續善後，一個當地的男人帶來新鮮的椰子水給我們喝。好好喝~當你熱得汗流浹背時，新鮮的椰子水真的很棒。我記得那一天非常濕熱，椰子就是最佳消暑良方。

散步也是非常好玩的事，因為在村落裡要想迷路是不太可能的事，那裡只有三、四條街道，完全沒有汽車。聽說以前道路比較多，但是都在颶風中被毀掉了。我們去參觀當地的木頭工藝家製作美麗的木碗，他們搜索了好幾天才找到一根特別的樹幹，雕鑿木碗的技術令人驚嘆。

關於猴河我最喜歡，也最令我驚喜的是那些充滿好奇心，又懂得心懷感激的孩子們。我們視為理所當然的日常瑣事，對他們來說可是意義重大，他們非常珍惜我們帶來的藝術飾品和小玩具。看著他們在村子裡到處遊戲的感覺很好。那裡沒有汽車，因此無論他們騎腳踏車去哪裡都很安全。儘管我見識過存在於世界上的許多壞事，也清楚當地極端惡化的貧窮問題，但是從小孩天真的模樣，總是能讓我重拾活力。他們的處境雖然困苦，但是他們非常有韌性。

我也很愛到處閒晃，看看當地各種不同形式的房子。每間房子都由樁柱支撐，建立在水面上；有些很小，有一些比較大，全都有著繽紛的色彩。我想每一間房子都反映著居住者的個人特質。

有一天，我和瑞秋一同散步到當地人稱為「老虎灘」地方，卡塞爾和一位當地的男孩赫克托在那裡釣魚，他們兩個已經是朋友了；他們後面還尾隨其他八個男孩，那個畫面非常有趣。瑞秋和我一路走去看村裡最古老的老樹，它在海邊，但有大半已經腐蝕了。這棵曾經榮盛的樹如今成了無數白蟻的窩，緩慢的邁向死亡，看了令人傷感。

隔天我們去浮潛，是我的第一次，我對此感到相當興奮。蕾貝卡、卡塞爾、雀爾喜和我租了一艘船，雇了一位嚮導，他開著船載我們到布滿礁石的其中一個區域。我們那天錯過了晨間運動課，但叫我們驚喜的是，有位名叫辛蒂的當地女士替我們帶領了那堂課。浮潛很好玩，但比我預期中的還難。我不太會用呼吸管呼吸，不過後來終於找到竅門。我也是在那天發現自己不是個游泳健將，丟臉的是，我必須穿上救生衣才不會感覺自己一直在下沉。我張不開眼睛，因為陽光太刺眼了，我的眼睛很敏感，而且防曬霜又跑進眼睛裡面。嚮導看我這樣很不忍心，丟給我一條毛巾擦眼睛，我才覺得比較舒服。我想浮潛大概不會是我未來的選擇，我穿救生衣活像個怪胎，不過它能給我安全感。

身處在大海中間的感覺既可怕又刺激。我們的嚮導只有一條手臂，可是他是我見過最棒的泳將，他非常酷！他潛到珊瑚礁的底部，指著一隻躲在岩石後面的大龍蝦給我們看；他還發現了一條小鯊魚，但小鯊魚瞬間就消失了，我只模糊地看到一眼。浮潛很累，真的能激發胃口，我們決定找個舒適的地點野餐。

我們停靠的礁群很美麗，到處爬滿寄居蟹。我興奮地拍了許多照片，將照片傳給我的女兒，她以前也有養過寄居蟹，這個寄居蟹的小聚落一定會讓她非常激動。我們在淺灘上吃午餐，我餵那些在我身邊匆匆爬動的寄居蟹吃了一點餅乾。嚮導突然喊我們過去船邊，他說他看見了一隻魔鬼魚。我們全擠到船邊，在他說的那個區域漂浮探找著，然後我們也看到了；一道淡淡的身影就這麼從水面下划過去，真美。回程我們穿越紅樹林區，希望能看到海牛，但並沒有找到，我希望下次能見到他們。

晚餐在接待家庭艾妮德女士家用餐。她招待我們吃魚的脊骨、米飯和豆子。我沒有很喜歡吃魚，對我來說這是一頓艱苦的晚飯。不過我們還是對此心懷感激，因為當地居民的物資真的很匱乏。

第九天的晨間運動結束後，我們得知飯店主人黛布拉打算要去附近的城鎮玩。度過了沒有好喝的拿鐵咖啡和新鮮蔬菜的整整一星期，志工團裡的許多人都想一起去，包括我！

結束教師宿舍的工作後（終於完成了，完工的感覺真好！），我們出發前往河的對岸，一個名叫普拉森西亞的小鎮。一到那兒，第一件事就是尋找當地的咖啡館，我喝了一周以來第一杯的焦糖瑪奇朵。雖然不是星巴克，但還是非常美味。我們到處逛街，在一家泰式餐廳吃午飯。這個小鎮不大，但比起猴河已經算非常巨大了。這裡能買到新鮮蔬菜，查爾斯就為了晚上要在村莊舉辦的派對買了一些。幾個小時之後，我們回到猴河，那一天剩下的時間都在休息。

當天晚上全部的人都聚到伊凡的店裡，享用一些有趣的食物，想跳舞的人就跳舞。我太害羞了，不敢在將近半個村莊的人面前跳舞，我和雀爾喜只在旁邊看。我第一次嘗試喝米酒，但我並不喜歡。我坐在戶外看孩子們玩紙飛機，看他們玩得這麼開心我也很開心。一個好棒的派對，為我們的旅程劃下完美的句點。隔天，我們就離開猴河前往貝里斯。向大家道別說再見真是令人難過的事，希望有一天我能再回到這個小村落。

沿途，我們順道參觀了當地的金字塔。它們長得跟我想像中的那種埃及金字塔不太一樣，不過自有它們獨特的美。我們爬繞在金字塔的四周，有幾座塔允許遊客爬到頂部。身處一個歷史悠久之地的感覺很奇特，我不知道該怎麼描述這種微妙的感受。

我們在下午抵達貝里斯市，全部的人都待在飯店裡直到晚餐時間，因為有人跟我們說天黑後最好別在城市裡遊蕩。我在飯店裡淋了一周來第一次的熱水澡，簡直是不可置信地爽快。平常我把太多事都視為理所當然了。隔天我們搭了六個小時的飛機回家。

我會永遠記得猴河這趟旅行。當地居民勇往直前的態度給了我許多啟發，我能體會他們期許自己的聚落能夠延續並且繁盛起來的心。這趟旅行使我認識了很多很棒的新朋友，我會開心地回顧在那裡的時光，並牢記從當地居民身上學到的許多事。

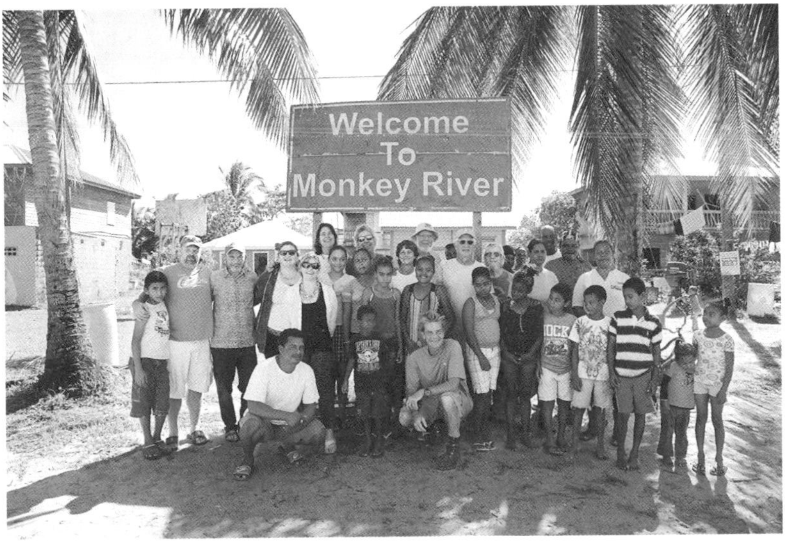

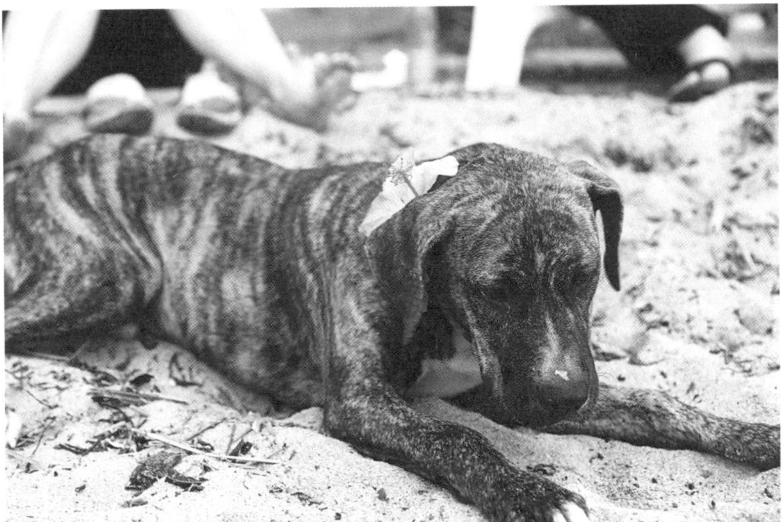

猴河之旅（上）
猴河的雷克斯（下）

我把花插在雷克斯頭上（右）
我和一個女孩一起讀書，忠心耿耿的雷克斯跟在我們身邊（下）

我們在猴河下榻的飯店（上）
清掃診所（下）

在猴河的教師宿舍工作（上）
我和蕾貝卡正在牆壁上打釘子（下）

正在清理猴河的教師宿舍（上）
我在貝里斯的一個沙灘上做瑜伽（下）

我、蕾貝卡以及卡塞爾在貝里斯的叢林裡（上）
我在貝里斯叢林裡做瑜伽（下）

我、蕾貝卡和卡塞爾在工作後享用清涼的新鮮椰子水（上）
在貝里斯浮潛（下）

穿著救生衣浮潛（上）
穿救生衣浮潛的同時在水底拍照（左下）
享用在貝里斯的第一杯焦糖瑪奇朵（右下）

兩位心理醫生和一個倖存者走入酒吧

沒有治療師的陪伴你永遠不該出門！
因此有時候我會一次跟兩位治療師一起旅行！

這是我和蕾貝卡及艾碧嘉一起旅行時最常講的笑話。我在二〇一四年秋天認識了艾碧嘉，當時她來到過渡之家協助貝利醫生處理一個高衝突的離婚家庭。

在她來訪的期間，我發現我們有共同的想法：將斯德哥爾摩症從大眾的腦海中移除。這是很重要的議題，因為被貼上斯德哥爾摩症的標籤對我來說是一種侮辱。我希望大眾對於我，以及跟我有類似經歷的人的看法能有所改變。

艾碧嘉擁有撰寫學術論文的背景，而蕾貝卡和我一直希望能針對這個主題寫一篇論文，我們發現當時正是實現夢想的好機會。

我們曾在波士頓哈佛大學的大型學術研討會發表過一次理念……不知道為什麼，我就是想叫它「圓形燒烤」[21]！能受邀到哈佛大學真的很不可思議，我連高中都沒有讀，處在聲望這麼高的大學讓我感到害怕。我想我看起來一定很笨。然而，這裡的人非常歡迎我們，儘管我緊張得像個呆子一樣，我們仍然針對斯德哥爾摩症與其爭議有了熱烈的討論。他們特別贈送我們哈佛的羊毛夾克當作禮物，我一整天都穿著它，假裝自己真的在哈佛上學！

我們也到耶魯大學和位於紐奧良的國際創傷性壓力研究學會（International Society for Traumatic Stress Studies，ISTSS）出席會議。有位非常卓越的紳士在聽完我們的簡報之後，特地來跟我們說他再也不會使用這個詞彙。女士們擊掌，我們成功了！我們在一同旅行的過程中創造了無數有趣的回憶。

紐奧良非常好玩，原本我以為去一個受到卡崔娜颶風嚴重肆虐的地方會很辛苦，但最後我愛上了這裡。國際創傷性壓力研究學會慎重地接受了我們共同發表的論文，並感謝我們將此議題帶到會議中。

當天晚上我們到紐奧良的法國區閒逛，蕾貝卡為每個人各買了一件能代表我們的T恤。艾碧嘉那件印有華麗炫目的女鞋；她熱愛有設計感的鞋子，喜歡吉米周[22]！我那一件的圖案是一名騎著馬的騎士，因為我很喜歡馬和中世紀的故事；蕾貝卡的是鑲有寶石的嘉年華面具，我認為那能反映出她對舞蹈的熱愛以及她自由奔放的靈魂。

街角有許多音樂家，有一組二重奏吸引了我們的注意力。兩個女士，其中一人演奏吉他，另一人演奏小提琴，她們的音樂美妙的像是來自天堂一般。我真不敢相信她們竟沒沒無聞地在這樣的街角表演，只求能得到足夠的錢餵飽下一天。她們的演出好棒，淚水在我的眼中湧現，其實我們三個人都感動得快哭了。

我來介紹一下我的朋友艾碧嘉。她長得又高又美，擁有一頭金髮，而最令我開心的事，是她的歌喉像個八十歲的女高音！這真的很棒，因為她會唱德瑞克（Drake）、小偉恩（Lil Wayne）以及所有的老歌金曲。當她用那老奶奶般的高音唱歌時，我敢保證連脾氣最暴躁的人也會露出笑容！我認為這就是為什麼我們喜歡她，而且一直跟她在一起的原因！

她也愛喝星巴克，而且有一隻美麗的靈提犬，名叫「卡波波特」。她第一次介紹她的狗給我們認識時，我腦中立即浮現動畫電影《小姐與流氓》中，一群人在公園裡遛狗的畫面，每個主人都跟他們的狗長得很像——她就是其中之一，她的長腿和身形跟她的靈提犬簡直一模一樣！

到華盛頓參加NCMEC希望獎頒獎典禮的旅途中，我們規畫了一趟維農山莊的私人行程。參觀喬治・華盛頓與馬爾莎的陵寢時發生了一件有趣的事。我的發音有時候會不太標準，我講「野狼」時，聽起來就像「野囊」，有一次我被抓到把「私人教師」講成「詩人教司」；

21 大型的醫學學術研討會稱作「grand round」，作者說的「圓形燒烤」（ground round）是美國一家已經倒閉的連鎖燒烤餐廳的名字。

22 Jimmy Choo，原創立者暨設計師為周仰傑，旅居英國倫敦的馬來西亞華裔設計師，以女鞋設計聞名。

另外兩個我常發不標準的字是「礁石」和「花圈」[23]。儘管我很想把它們之間的差異強調出來，有時候脫口而出聽起來還是一樣，蕾貝卡每次都會糾我的錯，然後兩個人一起大聲地瘋笑。她應該要慶幸我的幽默感還算不錯！參訪維農山莊的這一天，為了表示尊敬，我們決定在喬治和馬爾莎的陵寢奉上花圈。花圈交到我們手中時，我不禁心想，感謝老天，還好獻花圈時我不必發表演說！否則我一定會講成「礁石」的！在那一次特別而肅穆的儀式之後也更堅定了我們之間的友誼。我永遠不會忘記那一刻。

針對斯德哥爾摩症發表批判演說時，艾碧嘉永遠是我們的定心丸。我總是太過緊張，只能依靠蕾貝卡和艾碧嘉來講述斯德哥爾摩症的背景和細節，我們再一同將其中的爭議和我的故事相連結。我的開場白總是非常明確：「**我從未，我從未愛上監禁我的犯人！**」我也從未希望自己被監禁十八年，十八年甚至比我當時活過的人生還長，也長於我重獲自由至今的時間。

於耶魯大學發表演說時，有位女士的頭上看來像是頂了一隻毛茸茸的小刺蝟（其實只是一頂品味值得商榷的帽子），她丟出這個問題：「潔西，你為自己做了什麼？」這個問題跟我們的主題根本沒什麼關連，我不知道該怎麼回答。後來我說：「我為自己付出了一切。」我設立ＪＡＹＣ基金會，希望能將我曾經獲得的一切回饋給其他的家庭。我在這裡發表演說是因為我非常關心這個議題，我這麼做是因為即使你被綁架、強暴或虐待，也不代表你的人生就完了。我相信所有你忍受過的苦，都能轉化成正面的力量，幫助他人學習成長，人生會繼續下去。」

當她換個方式重複問了兩、三次同樣的問題後，我不禁思考是不是她頭上那隻刺蝟遮住了她的耳朵，因此她聽不見我說的話？她似乎不認同我的答案，因為後來在餐廳中她又跑來找我，這次頭上沒有那隻生物了，然後她再次問了一樣的問題。我認為，有時候人們雖然提出問題，但他們腦中早就有了既定的答案，因此聽不進其他的想法。

假如你覺得關於斯德哥爾摩症這個議題我講太多了，請忍耐一下，因為這是我第一次這麼關注一個議題。通常我都是保持中立的，我會同時審視議題的正反兩方。不過這次不同，這個討論沒有正方，斯德哥爾摩症是錯的，這個標籤對受害者的心理健康極具破壞性。參加二〇一五年NCMEC希望獎的頒獎典禮時，我和克利夫蘭事件中的吉娜與阿曼達有過一次簡短的談話，她們也認定斯德哥爾摩症會誤導大眾，是一種貶低她們的標籤。對許多受害的倖存者而言，這似乎是一種常態性的困擾。

當我和女兒們於二〇〇九年獲救時，新聞鋪天蓋地報導著我們的事，我一點都沒有興趣看。我只是過自己的生活，與媽媽、家人重聚讓我非常快樂，我一點也不想關注那些會讓我受傷的事。

後來我才知道她們為我貼上一張「斯德哥爾摩症女孩」的標籤，說真的，光是聽到這個

23 礁石（reef）和花圈（wreath）發音相似。

說詞就非常傷人了，更別提有些家族成員的看法給我帶來的影響，他們真的認為我有斯德哥爾摩症。每當我聽到類似的說法，它就在我的腦中徘徊不去，它極具破壞性的理由在於：它簡單俐落地向所有人「解釋」了，除了受害者之外，沒有人能夠理解的感受！把所有我忍受過的一切，好不容易才存活下來的過程輕易地用六個字帶過。它讓我經歷過的一切顯得無足輕重，簡約成：「你愛上了監禁你的犯人，因此你不想重獲自由。」亦或者，你笨到分辨不出什麼是虐待，什麼是愛。鬼扯！你不能把某個七〇年代發生的事件隨便套在我們所有人身上，當初衍生出這項病症名稱的那次事件，人質的處境與我們全然不同。不過，至今新聞及其他媒體仍然喜歡使用這個詞彙，電視節目和書籍上依然常見濫用，比比皆是。

菲利普很擅長讓我感覺自己有愧於他，他是個老練的操弄者，而我是天真無邪的女孩。菲利普不希望我哭，他說那會讓他心情不好。我很孤獨，全然地孤獨。許多年過去了——我遭受肉體上、言語上以及情緒上的施暴，我存活下來了，我唯一能做的就是想辦法適應，然後活下來。這是生存的本能。

小時候我還跟祖父祖母住在葛洛夫花園的時候，我們常常一起看有關大自然的節目。現在重新回顧節目裡那些關於狩獵者與獵物之間的互動方式，讓我想起自己在狩獵者手下存活的那些年，我發現自己出於本能地對菲利普和南希使用了節目裡面闡述的那些技巧。我的朋友寫了一本書，書中證實了許多我已經知曉的想法，書名是《群體的力量》（*The Power of the Herd*），結合了我最喜歡的動物，馬，以及我最關注的議題，理解能力動力學。

假如我是獵物，我是怎麼在狩獵者長期的統治下生存的？我是否早就應該死了？不僅我，我的孩子們也活下來了。想起這些事我總會背脊發涼，我也還記得，每當我知道自己即將看到菲利普時，胃就會開始痛起來；他能輕易打斷我們的生活。

當你被監禁時，真的沒有時間自問究竟發生了什麼事。我的力氣大都耗在想辦法存活以及保護女兒上頭，保護意謂著轉移菲利普的怒氣，想盡辦法使計來避開他和南希慣用的操弄手法。我的恐懼潛得很深，那種感覺難以形容。大多時候我不會感受到它，但它確實在我的體內，恐懼使我得以存活。

狩獵者的行動本能，同時受需求與生存壓力驅使，但被獵者首先得專注在存活上，接著才考慮基本需求。發表批判斯德哥爾摩症的演說時，我們播放了一段影片。影片開始於一頭羚羊正在獵豹的追逐下逃亡，你能看見獵豹跑得比羚羊還快，最後咬住脖子抓到了他。羚羊的腳跛了，被獵豹拖著走。這頭獵豹因奔跑耗盡了力氣，而且他以為他的獵物已經死了。此時，另一個狩獵者土狼出現，獵豹過於疲憊，已經無法保護他的食物，只好不甘願地離開現場。下一幕是土狼走近羚羊，但就在他欲將利齒插入獵物體內時，羚羊猛然跳起，然後飛快地逃跑。我們播放這段影片，因為它是絕佳的範例：為了生存，被獵者必須站在狩獵者的角度思考。影片中，羚羊了解狩獵者要的是什麼——他的死亡，因此他裝死，為的就是等待逃跑的時機，為自己贏得生存的機會。

在人類世界中，強或弱對狩獵者來說沒什麼區別，都可能淪為捕食的對象。菲利普和南希對我來說就是狩獵者，在六月命中註定的那一天，他們跟蹤我到那座山丘上。在那之前他們有看過我嗎？他們是否如他人所推測的，前一天在跳蚤市場看見了我？車子是他們的武器，用來截斷我任何的逃生希望。電擊槍是他的利牙，將我擊倒在地。我成了無助、虛弱的獵物，被拖回洞穴供他享用。他的行為正如一個狩獵者，但我也像羚羊一樣狡猾，最終重獲自由。

我花了好些日子思考這些事，試圖想清楚這一切究竟是如何發生的。這並非針對我個人而來——很早期我就了解我應該這麼想，這件事的發生絕對不是我或我的家人活該應得的。不要責備自己，或許這就是在壞事發生後，讓你保持理智的方法。假如當時我責備自己，我不確定自己能否恢復過來。先照顧好自己，這非常重要，如此一來你才能顧及他人。

現在我已經不再感覺自己是獵物，發現的過程是慢的，但我很篤定，我也不覺得自己是狩獵者了。因為我曾經跟狩獵者長期相處，後來為了保護自己，我認為自己也變成一個狩獵者；我敏銳、機警又狡猾。你會問：狡猾？是的，在被菲利普強制拘禁的那個小世界裡，我就像隻狐狸！狐狸會以適當的技巧追蹤獵物，當然算是狩獵者，但同時狐狸也被比他們體型更大的狩獵者獵捕。

那狐狸到底是狩獵者還是被獵者？兩者都是！他是一個中間人，我是一個中間人。我知道自己並非一夕之間變成這種生物的，是心中小小的勝利感一點一滴塑造了這樣的我。這些事小到你會覺得沒什麼了不起，但對我來說，那像是要回了原本屬於我的東西。這些年來，每當我獲得新的自由時，我都覺得自己更成長了，而且更了解我的囚禁者——我所熟悉的狩獵者。我很早就學會觀察他的心情，並隨著他的心情調整自己以求生存。我幾乎能夠預知他的任何情緒。

我現在分享這件事是為了讓人們了解，當你在一種瘋狂處境中，會是什麼狀況。從外面看來，或許會覺得我們很親密，但請不要把生存本能和真正的情感連結搞混了。為了迎合他的情緒和想法，我受到很重的傷害。在如此複雜的狀況中，我失去了自我，直到重獲自由後才一點一滴地重新建構回來。我認為，每個人在生命中都得經歷這段自我發現的過程；我們總是太在意其他人的觀感、其他人的生命，因而往往忽略了什麼東西才是最適合自己。過去這種模式對我是有用的，但現在我已經得救了，我需要在他人和自我之間找到平衡；不該還是以別人為主。我認為，自我必須擺在第一位，甚至優先於孩子們，因為假如你沒有達到最好的自己，你如何能期待孩子做得到？

蕾貝卡是很棒的治療師，現在她是我的良師益友。有時候我會想，若是當初她開頭就跟我說：「潔西，你有斯德哥爾摩症候群。」我還會相信她嗎？我想這樣一來，至少我的恢復程度會很受限。我會質疑她的診斷嗎？她曾教導我不能為別人貼標籤。我真的相信如果她當初這麼說，絕對不是幫我，而會對我造成阻礙。我想我應該敢這樣回答：「嘿，別再說了。我沒有斯德哥爾摩症。」相反地，假如蕾貝卡這麼說，她也真是這麼說的：「你為了生存調整自己，你做了你該做的事，而且你將生命所賦予你的能力發揮到了極致。」這是一次正向

我、艾碧嘉和蕾貝卡在紐奧良炫耀我們的T恤。（上）
我、艾碧嘉和蕾貝卡在喬治．華盛頓與馬爾莎的陵寢共享感動的時刻。（下）

的談話，受害者需要正面力量，而非阻礙性的標籤。

好，我要停止我的大道理了。不過，別再讓我抓到你或任何人使用「斯德哥爾摩症」這個詞。現在我對於自己能夠大聲講出我的價值觀感到開心，再也沒有人會告訴我什麼該說，什麼不該說。好吧，或許他們能告訴我，但我不會聽。我選擇讓自己身邊充滿願意讓我暢所欲言的人，他們不會在意我口無遮攔。

有一次我和朋友一起出門吃飯，女服務生為我們送上湯品。我嘗了一口，味道有如烤焦的襪子與我最討厭的香菜的結合。我第一時間的想法是，吃了它吧，把心得留在心裡就好。但你知道嗎？當服務生走過來時，我就這麼脫口而出了：「不好意思，你可以幫我上另一種湯嗎？這個吃起來怪怪的。」事情就是如此，服務生離開後我的朋友馬上笑了；她說她沒想到我會這麼直接。現在想起來似乎有點可笑——假如覺得湯很噁心，為什麼不把它退回就好？不過，你想想，原本我可能從沒機會做這件事。

「HOPE」是四字母的詞

希望長有羽毛，棲住靈魂之上，歌唱無詞的曲調，永不停歇。

——艾蜜莉・狄金生

生命中沒有多少東西比一個「甜死人不償命巧克力蛋糕」更能傳達愛意。我媽媽正好很會烤蛋糕，重聚後的每個生日我都叫她幫我烤蛋糕。

我認為我的媽媽是我認識的人中最勇敢的，我不知道假如我的女兒失蹤十八年，自己能否懷抱著希望等待女兒回到身邊；這正是我媽媽做到的事。她曾經跟我說，那些年每當月圓時，她就會對著月亮跟我說話，告訴我發生在她生活中的事情。我總認為我感受到了這份愛，正是有這份愛，在我即使失去媽媽的引領後，仍生出獨自承擔一切的力量。

自從我奇蹟似的獲救並將兩個孫女介紹給她以來，我媽媽幾乎將她所有的生活都奉獻給我們，她毫無猶豫地接受了兩個孫女——儘管她從來不說，她就是默默犧牲的那一類型的人。她將自己的時間和精力都放在我和小妹夏娜身上。

三十幾歲的我和媽媽住在一起，對我們彼此都不容易。我不再是被綁架時那個十一歲的小孩了，她會讓我表達，並接受我的想法，但我知道每當我踏出家門，她仍會擔心。有些記憶是時間也無法完全消除的。

我們在各自的療程和共同的療程上都非常努力，我們和對方分享了許多故事和回憶，她為我獨力在後院養大兩個女孩感到非常驕傲。互相了解有助於我們接受彼此已經不再是過往的那個人，媽媽跟我分享了她的噩夢，在我失蹤後他飽受噩夢的折磨。她說有個夢發生在一九九二年，內容大致如下：

她在廚房裡忙碌，那是在我們位於太浩的故居。燈光昏暗，視線模糊，她很憂慮地在找東西，試圖找到某樣東西。她翻遍碗櫥和櫃子，扯下所有物品，弄得一團混亂就是為了尋找某樣東西。然後我從前門進到屋內，她能感覺到戶外很溫暖。在夢中，我拍拍她的肩，試圖引起她的注意，我說：「媽，我可以喝杯水嗎？」她全神貫注，瘋狂地搜索，沒注意到我在家裡，接著她說：「不，潔西，我在忙，我在找東西。」然後她瞬間想到她在找的就是我，因此她抱著我哭了起來：「你回來了！」她說她哭著醒來，緊緊偎著枕頭，因為事實上我並不在。

我難以想像這場夢為她帶來多大的痛苦，我失蹤的那些年她一直飽受這些夢境的折磨！我知道自己在媽媽眼中很特別，她以前總說我是她的頭號寶貝。在療程中，我逐漸回憶起她對我的愛，也讓我知道她竭盡所能地想找到我。當時我有時候會放棄希望，覺得自己永遠不會得救，沒人找得到我。我認為自己將腐爛在那個後院，沒有人關心我，甚至沒有人會記得我。我告訴媽媽，我對於自己被遺忘的恐懼，她擁抱著我說：「絕對不會！絕對！潔西，我用盡全力在找你，我從來不曾懷疑我們會有重聚的一天。」我們做到了！

媽媽還跟我說了有關那座位於太浩的公園的事，那是我為設立的，還有一塊紀念石。在我被從太浩街上帶走的十年之後，我媽媽寫下了這段話：

潔西之石

有一塊岩石，位於距此地將近五百哩的小鎮，穩固地站在大自然中。有一株雲杉長於岩石之旁，直直往上觸及了廣闊的天。在那座古雅的小鎮上，這樣的岩石和雲杉是很常見的，但在我心中它們很特別。為什麼呢？我在此憶及過往的好時光，哀悼我失去的事物，並再一次堅定意志。當我在這個聖地的周圍擺上鮮花時，我想起了那個熱愛大自然的女孩。我將手指插入暗色堅實的土壤中，感受到她的溫暖傳遞上來。我將淚與水一同灑在花朵上，它們使我想起那個樂觀、充滿活力的小女孩，我的小女孩，我的寶貝。正如這塊岩石，我對潔西的愛將永遠屹立不搖。有人說，時光流逝，回憶的利角會逐漸磨圓。不過這株充滿生命力的雲杉提醒了我，只要持續滋養，有些事永遠不會衰亡。這塊岩石將聳立於時間之流當中，如同她永存在我心頭。

自從我回家後，我們一起做了很多有趣的冒險，一起建立新的回憶，也一起重溫舊時光。她帶我回去看以前和爺爺奶奶同住時的舊房子，我很吃驚，跟小時候的記憶相比，房子現在看起來好小。我知道媽媽怕水，但當我邀請她跟婕曦的家人一起到羅格河泛舟時，儘管她很害怕，還是答應了。後來我們兩人都很享受那次的旅行。她每天都待在一艘大船上享受日光浴，最後一天換到一艘小划艇，她才發現並沒有想像中那麼可怕。我媽媽就是擁有這樣的力量和勇氣。

媽媽是個很棒的設計師和修繕師，她發揮她的天分來幫我們把ＪＡＹＣ基金會的房子布置得非常溫馨，我們也邀請許多家庭到這裡進行「重新團結」的療程。她也會幫大廚查爾斯規畫並準備餐點。

我可以誠實地說，我現在比小時候更了解我的媽媽。儘管當時我已經很愛她了，現在我愛得更多。歲月會讓你比小時候更懂得感謝出現在你生命中的人。

媽媽和我（上）
媽媽和我（下）

媽媽為我烤蛋糕

小妹

我很想參與妹妹生命中許多重要的日子，事實上，我應該要在的。要不是有兩個心理變態為了滿足他們自己，而剝奪我和我的家人的生活，我應該會在的。然而，我只能想像著她生日派對的模樣，想像她穿了什麼服裝去參加畢業舞會，這些她生命中的重要時刻都是我渴望參與其中的。我認為我會是個好姊姊。不過，儘管沒有一起長大，我們仍然有許多共通點。有一次她傳來一張照片，跟我說她的指甲塗了什麼顏色，我回她「哈哈……我也是」，我的指甲剛好也用了相同色調的紫色。在同一周選了相同的指甲油顏色，這樣的機率有多大？我們也有相同的幽默感，對同樣的笑話招架不住。

因此，當她邀請我參加她的婚禮時，你想像得到我有多麼開心。是的，我是最快樂的女孩！她說婚禮會辦得很小，只有我、媽媽和她未婚夫的爸爸和繼母。

我媽媽為了主持他們的婚禮跑去重新認證她的神職身分，她也依照夏娜喜愛的樣式做了禮服。我們在婚禮前一天出門尋找場地，最後在一個小湖邊找到適合的地點。後來我們去了一個能開車遊園的動物園，直接從車窗餵食動物真是有趣。有一隻鴕鳥對媽媽有點太過友好了，這隻巨鳥把長長的脖子伸進車裡吃媽媽手中的食物，我和夏娜都覺得這個畫面很爆笑。

那是我第一次這樣子逛動物園，基本上所有動物都能自由走動，讓我覺得很棒。這裡有野牛、鴯鶓、綿羊、斑馬、鹿、麋鹿，還有其他許多動物。非常愉快的一天，更棒的是蓋瑞特後來帶我們去吃城裡最棒的肋排館。

記得大日子當天一早我心想：天啊，我的妹妹也太美了，她是唯一能在清晨看起來這麼美的人。我能親自在場見證真是太美好了，這是一個特別的日子，屬於她，和她愛的那個男人——顯然他也愛她。那天一早多霧而寒冷，不過後來的一切都很完美。湖水平靜，映射著晨曦閃閃發亮，煙霧自湖中裊裊升起，有一隻白鷺歇腳在對面的岸邊。我們到達定點時，有一輛警察巡邏車停在船塢旁，我還以為他會要求我們離開，不過他只是坐著吃早餐，似乎對我們正在做的事不感興趣。媽媽在湖邊主持這場典禮，我努力壓抑著喜悅的淚水，但有一些還是流出來了。典禮很短但很溫馨，在你還沒意識到時我們就已經出發去吃早餐了。我的心滿滿的，能夠參與在這個重要時刻的回憶之中真是太棒了。

幾個月後他們來訪，我們在我的馬棚舉辦了一場超讚的搖滾派對，月光下的樂團表演！這個樂團很酷，是由一位法官朋友和他法庭裡的同事組成的，團名叫做「法庭之災」，他們演奏了很棒的鄉村歌曲。一直以來我都不敢在公共場合跳舞，即使身邊都是熟悉的家人和朋友，我還是覺得很害羞。其實我很想跳舞，何況我們還有一個很棒的樂團。我的朋友跟我說了一個關於跳舞的祕密，她說我應該「放開束縛」試試她教我的方法。她說只要擺動下半身，上半身就會自然律動起來。我突然就懂了，馬上穿著我繡有粉紅花紋的牛仔靴跟大家一起跳起舞來。派對上有美味的烤肋排、烤雞、烤豆子，也提供蔬菜漢堡給素食者，例如我的兩個女兒。那天晚上玩得十分盡興，為他們的婚姻生活做了很棒的開場。

我了解對過去感到憤怒和憎恨沒什麼關係，重點是要跨過去，好好地活在此時此地。在每一個新的體驗中尋找樂趣使我日漸堅強起來，而偶爾讓朋友和家人提供幫助永遠不會是壞事。

創設基金會以來，夏娜和蓋瑞特一直扮演我的救命恩人。我們剛想到透過販售松果項鍊為基金會募款的點子時，我以為包裝和出貨都會很簡單。不過，嗯，因為我們收到了很多訂單——來自全國各地超過一萬張訂單，因此這個工作變得很嚇人。所有的鏈子都纏在一塊兒了，要將它們一一解開然後裝上松果飾品真的是一件很困難的事。

先前朋友問我打算怎麼處理訂單時，我應該要聽聽她的想法的，但我當時根本沒想那麼遠。我只是有個點子而已呀！當時我就只是有個點子而已，根本沒有能力做長遠的規畫，不過現在我有所進步了。結果證明這是個好點子，它幫基金會募到了許多錢。有好多細節需要處理：如何在不讓項鏈纏在一起的狀況下寄出包裹？如何找到足夠的松果來滿足我們收到的所有訂單？有許多細節是我想也沒想過的：託運標籤、捐贈收據、向買家致謝的感謝函、到郵局辦事等等。

我開始向親戚、朋友求救，事情實在太多了。我很感激夏納和蓋瑞特把事情攬了下來，但我同時也覺得很不好意思，我可能為他們添加多餘的負擔了。不過，他們表示他們是真的

餵食鴕鳥（上）
我在餵斑馬（下）

想參與基金會的運作，想盡力幫忙。我太開心了，夏娜和蓋瑞特接手後，整個流程變得非常有效率，讓我鬆了一口氣！

潔西，你的憤怒呢？

在耶魯大學，蕾貝卡、艾碧嘉和我正對著一組心理健康的專業人士發表批判斯德哥爾摩症的論文。發問時間時，有人問我：「潔西，你的憤怒呢？」我很自然地這麼回應：「我選擇不生氣，因為我不想讓菲利普和潔西再對我的人生產生任何影響。」提問的這位女士似乎很生氣，正在為這份憤怒尋找共鳴。

為什麼？為什麼我選擇如此回應？難道我不曾生氣過嗎？當然，我生氣，我可以對菲利普和南希生氣，我可以對無能的執法機關和政府生氣，我和女兒們被長期監禁與他們的失職有關；我甚至能對女兒們生氣，她們跟多數的青少年一樣，有時候會對自己身處單親家庭感到沮喪。有許多令人生氣的事，這是個憤怒的世界，有很多非常憤怒的人。然而，我不願讓自己活在憤怒的狀態中，我不是那樣的人。我不想可憐自己，不想整天假設「我的人生如果怎樣就好了」；那是在浪費我的時間和精力。這是我自己的選擇，保持憤怒對我沒有意義，我不想做一個充滿怒氣的人。

憤怒曾讓我失去友誼。有個我真心在乎，並視為依靠的朋友後來變成一個充滿憤怒的人，將許多自己的假設套在我身上批評我，那種感覺很不好受。更久之前，我就經驗過這種感受所以能了解，但當時對方是針對發生在我身上的事，而非針對我個人。

美國退伍軍人兒童福利基金會提供補助金給我的基金會，我們也受邀到巴爾的摩參加年度會議，在那裡我說明了補助金的用途，並表達對他們的感謝。我的妹妹和她的丈夫蓋瑞特幫我們設立了一個配備齊全的攤位，我有時候也會在攤位上幫忙大家。在那裡你能發現有些人是真的記得你，有些人就不記得；很多人以為我是伊莉莎白．斯馬特，有人甚至以為我是克利夫蘭事件中的其中一個受害者。我的妹婿很擅長向他們介紹基金會的由來，以及基金會的創立者，也就是我。有時候我也會自我介紹，人們對於我在現場都會感到很驚訝。

有一次，有個團體來到攤位聽蓋瑞特的介紹，提到我的故事時，有個男人變得非常激動。他不知道我就坐在那裡。他說他真想把菲利普抓起來，丟到一個房間裡，讓我們家人處理他。他對我們遭受的一切感到非常憤恨，我看了真的很感動。那位男人最後問了蓋瑞特一個問題：「她怎麼熬得過來？這些日子以來她過得好嗎？」在這一連串的對話之後，我不好意思起身介紹自己，不過我還是站起來了，我對他說：「嘿，是的，我過得相當不錯，謝謝你。」他說他對自己的行為感到尷尬，我請他別這麼想，我明白他只是對我和孩子的遭遇感到憤怒而已。我非常感謝他的支持，我告訴他，我和女兒們現在真的過得很好。儘管悲劇發生了，人生還是會繼續下去；除非你放棄，否則生命就還不到盡頭。全看你怎麼想。我希望那個男人的怒氣不會對他產生不好的影響，當他看到我狀況不錯時，他也確實變得比較放鬆了。

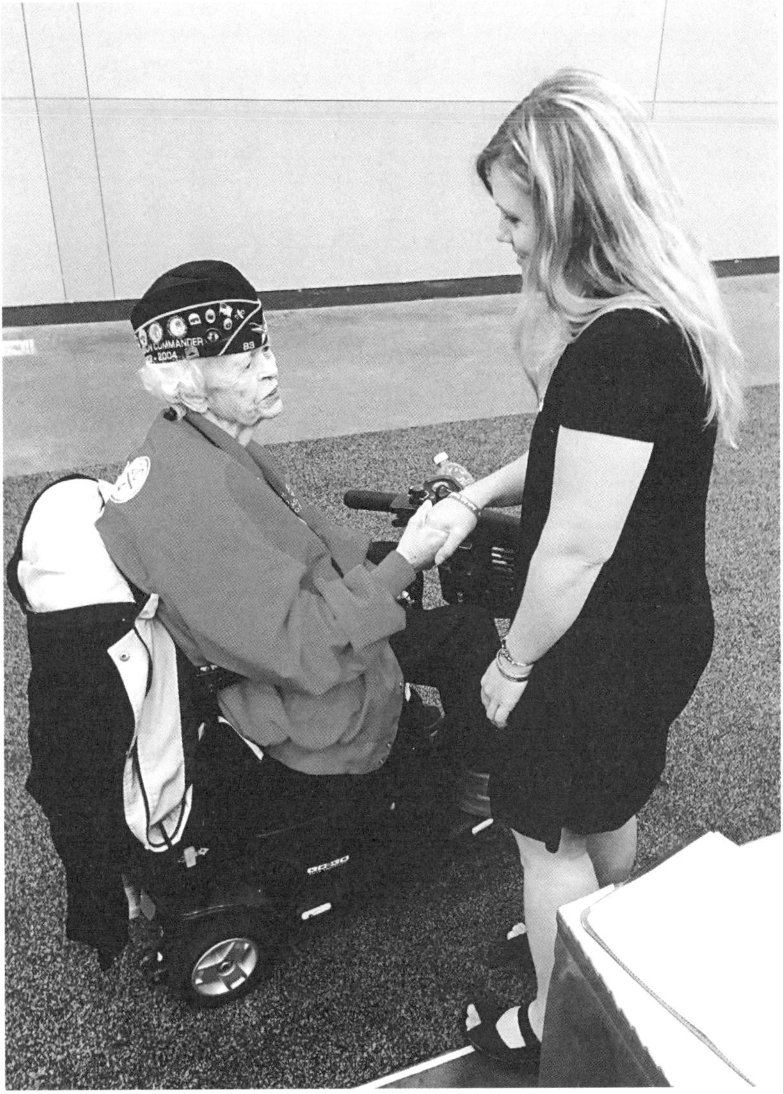

我在美國退伍軍人會議上認識了新朋友。

我祖父祖母的家後院有棵很大的柳橙樹，在我還小，還不懂世界的可怕的時候，我會坐在樹下抬頭看天空，想像著長大後的自己會過什麼樣的生活。我想每個人都有過這樣的時刻，我從來沒想過自己會被綁架、遭受監禁，在十七歲就已經生下兩個孩子。

想像中，我是一個偉大的小說家，在世界各地旅行；或者，我是一個很棒的獸醫，到我現在這個年紀，已經拯救過數以百計的動物。我猜我想表達的是，我們永遠不知道等在我們前方的是什麼，或許是很糟的事，也或許是一張中獎的彩票。人生很難。而這是一個我所珍藏的小小回憶。

是那些生活小事使我保持前進的動力。

例如：八歲時，我和媽媽在沙灘上散步，收集貝殼；第一次抱著剛出生的妹妹；看著女兒們學走路，踏出她們的第一步；小女兒四歲時用樹枝和泥巴做蛋糕，為我慶祝二十一歲生日。我緊握住這些片刻，是它們讓我能夠開心地活下去。

我是一個粗枝大葉的人，有時候我希望自己能夠世故一點。我錯過什麼了嗎？我應該改變自己嗎？有時候，我認為別人確實覺得我該改變自己，但我不曉得該怎麼當別人，我只會做我自己。

來，張大嘴說「啊——」！

看牙醫是我從來沒有期待過的「第一次」，但我已經十八年沒有做牙齒保健了，他們鼓勵我去做個檢查。我對牙醫真的沒有愛。我小時候看過無數次牙醫，因為祖母總是將我的瓶子裝滿果汁，嚴重破壞了我的乳牙結構。小時候我總被叮嚀要刷牙，但可能我沒有很聽話，因為被菲利普綁架時，我已經補過三顆牙了。

我第一次不需要別人提醒我刷牙。事實上，有好一段時間我沒有牙刷，那是我人生第一次那麼在意自己的牙齒。長久以來我已經習慣一天刷兩次牙了，突然沒辦法做這件事的感覺很怪，我覺得自己是個壞女孩。我真的很想刷牙，真的真的很想，但我不能刷。因此，我會用舌頭盡量把食物挖出來，然後用手指把牙齒上的斑刮掉，再盡我所能地用紙巾將手擦乾淨。菲利普施予我牙刷那一天我真的很開心，把牙刷當成一種恩惠感覺很奇怪，但我當時的處境就是如此。我恨自己為這種生命的基本需求感謝菲利普。直到我再也無法刷牙的時刻，我竟才開始認為刷牙是一件重要的事。

我也會嚼無糖口香糖，我認為它很有幫助。其實，這個小花招是我從牙醫身上學得的。過去這幾年我都看同一個牙醫，我發現如果在洗牙前先嚼無糖口香糖，醫生給我的回饋總是比沒有嚼的時候好。我真的希望洗牙可以進行地又快又順利，讓我盡快逃離那張可怕的診療椅。從我回到正常生活以來，我只有一顆蛀牙。如果必須動用鑽牙機，就真的很令人討厭了。我會告訴自己：很快就會結束的，而且至少現在我有機會去看牙醫了。但是不管我怎麼安慰自己都沒有效果，哈哈。我認為，一定會痛得要命。我想像著這位新牙醫會使用和小時候那位老牙醫相同的器具，將某種外層包覆著塑膠的東西伸進嘴巴，把有奇怪味道的塗料塗在裡頭，史上最噁心。

新牙醫說他知道我在說什麼，他保證不會用那種東西。他說除了上局部麻醉時會有一點小痛之外，我不會有其他感覺。你猜結果如何？他是對的。上麻醉時確實有點痛，但在那之後就是「不知道他在做什麼」的想法和壓力嚇壞了我自己。最棒的是，不再有銀色的補料了，新的補料和牙齒完美契合，我簡直感覺不出差異。過去的補料都是銀色的，考慮到我十八年沒看牙醫，它應該算是維持得很不錯。

菲利普以前都去大學醫院參加教學療程，所以是免費的。他有很多牙齒都被拔掉了，我認為這和他嗑藥有關。他嘴裡沒有牙齒的空洞常常發生感染，因此口臭非常嚴重。他會用嘴去吸後排牙齒的洞，他說那樣能把感染吸出來，然後吐掉。這讓我很討厭。他做這個動作時整個臉頰會縮進去，因為他又瘦又憔悴，看起來就像個骷髏頭。他一直都很自戀，我很想知道他看到自己大頭照會作何感想，因為他沒有半點魅力。監禁的那些年間我從沒受他吸引過，他是個噁心的人，到死也會是噁心的人。我知道監獄會提供犯人良好的牙醫和藥物，因此他的牙齒大概會得到修復。他拔去牙齒後留下了可怕的黑洞，我心中有一部分，最惡毒的那部分希望那個黑洞留著，讓他一輩子看起來都很醜。嗯，我猜他現在依然很醜，我贏了。

同甘共苦

自從我回來之後，我參與了我最好的朋友婕曦人生中的許多重要時刻，那也都是我的「第一次」。

她媽媽過世的那一天，我感到我也失去了部分的自己。我記得與她的媽媽琳達共度的所有時光，琳達會帶我們去海灘和諾氏草莓樂園（Knott's Berry Farm），她為我做了我的第一杯，也是最後一杯蛋酒……蛋酒太噁心了！她會幫我繫緊鞋帶，並在我鼻水直流的時候幫我擤鼻涕。她是個十分特別的人，當婕曦告訴我說琳達離開了的時候，我久久的無法置信。我知道我的祖母尼妮在我被綁架後不久去世，我再也看不到她了。琳達的死，是我第一次失去如此親近的人，幾周前我還跟她見過面。我只感到非常難受，甚至無法想像失去自己的母親會有多痛心。婕曦辦的那場向母親說再見的告別式非常溫馨，分享了所有我們與她媽媽共度的美好回憶。

婕曦的下一個重要時刻是她的婚禮。她的先生麥克的父母由於不能長途旅行，他們夫妻倆想出一個完美的解決方案：就近在男方的家鄉明尼蘇達州舉辦婚禮。他們搭乘她叔叔的私人飛機過去，我媽媽和我則直接到那裡和他們會合。我們住在一棟柱子和牆壁上全是雕紋的木屋裡。那是一場聯合婚禮，因為麥克的哥哥也要結婚，因此他們決定一起舉辦。那一天我認識了一位新朋友，婕曦的攝影師朋友卡塞爾。婕曦從小就和卡塞爾相識，卡塞爾也是她叔叔人生中很重要的一部分。

我們在婚禮前先和婕曦碰頭，再一起去幫她挑婚紗。她當時試穿禮服的腳上穿的是一雙舊的牛仔靴，那件婚紗看上去那麼完美，絲毫不差地跟她契合，儘管我們其實是在一家二手禮服店挑的。婕曦問我的媽媽能不能幫他們主持見證婚禮，她說她會先做好研究。現在顯然可以直接在線上就完成聖職身分的認證——誰會知道這種事呢？所以，媽媽在線上完成了認證手續，成為能夠主持婚禮的合法神職人員。真是太酷了！她同時替婕曦和麥可，以及麥可的哥哥完成婚禮儀式。交換誓詞之後，他們都說了「我願意」，接著就是餐會和拍照時間。我們拍了一堆又一堆的相片，完全是婕曦的風格。我有說過婕曦很愛拍照嗎？她說這樣才不會錯過或遺忘人生的重要時刻。她說的有道理，照片保存了我們小時候的共同回憶！噢，我忘了說那天還下雪！下得很大，你猜怎麼著？她想到戶外拍照。身為最要好的朋友的我，沒穿外套就跑到外頭去，跟她在天寒地凍下拍了好幾張照，然後才跑回房子裡取暖。我不得不承認那些在雪中的照片真的很精彩。

餐會結束後，婕曦想去酒吧。我們身處一個很小的城鎮，跟她老公、伴郎和攝影師卡塞爾一起去酒吧，不知為何讓我覺得有點怪。婕曦喝得有點醉。不，應該是我喝得有點醉，而她則是非常非常醉。她為了確保禮服合身沒吃什麼食物，因此酒精直衝腦門，然後就吐了，她吐的時候我還護著她的頭髮。我們都笑瘋了，當時我的視線也已經有點模糊，我笑到發出豬的呼嚕聲，真是尷尬極了。那天晚上我第一次打撞球，學習全新的事物很有趣；婕曦非常厲害，但我不是，我還在學習中。麥克的伴郎邀請我跳舞，我不知道該怎麼跳，但他耐心地教我踩舞步。我跳得有點笨拙，因為他很高但我不高，而且那是我第一次和男生共舞，真的是第一次；接著我和卡塞爾一起跳，很好玩。在那之後我們回到木屋前，在雪地上畫雪天使。我不知道為什麼要這麼做，因為外面冷斃了，但我們就是做了，我很喜歡！

下一個重要時刻是她寶貝兒子的誕生，發生在一年之後。百分百的居家生產。我對她能夠選擇自己的生產方式感到開心，我自己當時完全沒得選。聽完所有研究報告後，我認為居家生產對她來說是個好選擇。她做了完善的計畫，他會在她叔叔的民宿生寶寶，她也已經在那裡準備好分娩池了。我在她預產期的前一天飛去找她，預想著寶寶隨時都可能出生。我錯了，跟我所想差得滿遠的。寶寶是晚產兒，差不多晚了一周。在那段我稱之為「等待的時間」，我們做了所有能做的事。她去針灸；吃辣的食物，她最討厭吃辣了；我們還聽說散步時，一隻腳走在人行道上，另一隻走在馬路上會有用；她甚至喝了蓖麻油！可憐的傢伙。我對那一天的印象很深刻，她說她整個早上一直出現希克氏收縮，我問她那是什麼，她說是假陣痛。好，所以她出現了一些假陣痛，沒什麼大不了的。當天晚上我們一起吃晚餐、看電影，看完電影我就上床睡覺。大約十點左右，我認為她大概也很快就會回房睡覺了，但我聽到她走進我的房間，跟我說：「你能起來陪我嗎？」我迷迷糊糊地起來，看看時鐘，午夜。

我揉揉眼睛跟著她走到另一個房間，她正在摺洗好的衣服。在半夜摺衣服——女孩，有事嗎？她說她的陣痛明顯加劇了，她想要有人陪著她。我問她：婕曦，你要生了嗎？她說：不，我認為應該只是希氏陣痛。我不是醫生，但這個希氏陣痛延續的時間已經比我想像中的還要長了。「你看，」她說著把一張紙遞給我，「我有記錄。」。當時我的眼睛還有點迷濛，但看著那張紙，我發現她的收縮每隔十五分鐘就出現一次。這代表要生產了，而不是什麼假陣痛。她看起來不太相信，完全否認。我說，你打電話給麥克了嗎？她說沒有，她不想讓他擔心。該是時候打電話給助產員了，我說。認真的嗎？她說。我說，對。就在此時，她的身體出現一陣痙攣！我心想：我不要獨自一人接生小嬰兒！這時候她打電話給助產員，說她有一些陣痛，但沒什麼問題，不急。不急？她瘋了嗎？我搶過電話，告訴助產員說她每隔十五分鐘就出現陣痛，她必須立刻過來；或許半小時前就該來了。接著我們打給麥克。我聽見她冷靜地跟麥克說她可能快生了，但還不確定，她不希望他錯過工作。我從她手中接過電話說：你必須馬上過來。陪產員比助產員更早到，我們讓婕曦泡到溫水中。她說泡溫水有可能加速生產，也有可能幫助她放鬆，為我們多爭取一點時間。

我有說我們當時在樓上，但分娩池還在樓下嗎？對，這事發生了，而且猜猜怎麼著：那討人厭的溫水讓整件事加速了！麥克即時抵達，他馬上將婕曦抱出浴缸，我們全部移往樓下。半途中她的羊水破了。我想當時我一定很恐慌，但又極力保持鎮定，我的身體似乎了解，我應該要陪在朋友身邊。這時候她正非常痛苦地呻吟，我能做的就是把過程錄下來。是的，我正在錄影，因為我知道她最渴望的是——記錄整個發生過程，而此刻她自己做不到這件事，要是可以她一定會這麼做。他們把她放進分娩池，這時候小男嬰的頭已經出來了。我心想，天啊，我以前是怎麼辦到的？我還生了兩次。看著別人生產真的很可怕，但我不記得自己生的時候是否有感到害怕了，我只是順著身體的感覺，最後就順利完成了。

看她如此痛苦讓我很難受，我只希望她能盡快結束。無論你相不相信，拿著攝影機對我真的有幫助，它讓我有個可以專注的任務。最後，助產員在千鈞一髮之際終於抵達，當時麥克幾乎要接生自己的小孩了。整個過程我印象最深的是這個小夥子像火箭一般衝出他媽媽的體外，因此我為他取了個綽號「小火箭」。

我已經有好一段時間沒和小嬰兒相處了，不過我確實還記得第一次抱我兩個女兒的感覺。我認為這是一件你永遠會記得的事，除非你失去記憶。輪到我抱起這個新生的小男嬰時，我真的很感動。儘管這是一個特別的時刻，卻不會讓我想再生一個孩子。我很樂意抱抱這個小傢伙，不過我更慶幸他有父母可以讓我把他給還回去。

幾年過後，我的朋友終於回到我身邊了。先前她一直忙於照顧小孩，幾乎沒有時間來找我。她的來訪讓我非常快樂，但有時候我不會把心情形露於色。小火箭長得很大了，每次見面他都學會了新的事物，真的很有趣。

有一天婕曦打電話給我，她說有事情想跟我說。聽起來似乎是重要的事。她停頓了很長一段時間，我說：「說吧，你不會又懷孕了吧？」好吧，此時我似乎真的是說錯話了，因為停頓延遲得更長了，我說：「你懷孕了？」然後她的回答是：對！！！

這個孩子對她和麥克來說全然是個驚喜。嗯，沒錯，對我來說也是！我真的很想替他們感到開心，但心中自私的那個部分偶爾會顯露出來，我腦中想的全是：又會有好幾年的時間她要以孩子們為優先了。

我再次在她的預產期之前趕去她家。還讓我遇上了一些交通問題，但我沒有很擔心，因為之前小火箭比預定時辰晚了很久才出生，我以為時間還很夠。我錯了，這個小傢伙很沒耐心，在我抵達之前的半小時就生出來了。錯過這件事讓我很懊惱，但錯過所有的混亂也同時讓我鬆了一口氣。因為這次她是臀位分娩，助產員必須通知醫護人員到場。顯然地，我錯過了醫護人員和鳴著警報器出現的消防車。最終，助產員和陪產員在不需任何協助下就完成了工作，但我猜那些人或許是想看寶寶出生，所以他們一直待在現場。婕曦在一群消防隊員的環繞下——她稱作「火之圈」，生了一個美麗的女孩。看著這個可愛的女孩，我所有的嫉妒全都消失無蹤了。嗯，大部分都消失無蹤。

能夠參與我最要好的朋友生命中的重要時刻讓我很榮幸，正是這些時刻使得過去不好的回憶顯得無足輕重。有一天老的時候，我們會坐在一塊兒，笑看所有愚蠢的、傷心的、有趣的、羞恥的、可笑的、尷尬的時光。我真心期盼那一天的到來。

我和我最好的朋友婕曦（左上）
婕曦和我（右上）
婕曦和我（下）

婕曦和我（上）
我和婕曦的寶寶（下）

大峽谷！

去年夏天，我和小女兒及緹娜阿姨一起到大峽谷旅行。整趟旅程由我規畫。我們從南加州開車到亞歷桑納州的威廉斯，而我訂購的大峽谷鐵道套裝行程，內容是在威廉斯先住一晚，接著在大峽谷住一晚，然後再回到威廉斯。

沿途碰到的各種不同氣候讓我很驚訝，有一段路非常炎熱，大概將近攝氏四十二度，接著抵達另一個地點就開始下雨。你能看到遠方有暴風雨，但我們所在之處卻是沒有一點雲朵的藍天。景色真的相當奇特。

我知道在威廉斯有個叫「熊歷桑納」（Bearizona）的地方，有時間的話我們決定過去看看。我很高興我們後來有去，那裡非常好玩。那是個位於凱巴布國家森林公園（Kaibab National Forest）內的野生動物園，你可以開著車遊經許多動物的棲息地。我們看見熊在四周玩耍、散步，近距離看到熊真的很驚人，我以前從沒想過有機會做這種事。我們還經過了野狼的棲息地，有一群白色的狼，其中一隻還好奇地拉扯車子前方的保險桿，他們的下顎真的很有力。那裡還住有野牛、長角牛和許多其他動物，例如山羊。穿越森林後，我們來到動物園區，在裡頭還在學步的小動物會得到照顧。我不太喜歡動物園會把動物關起來的這個部分，不過這裡很不錯，動物們的活動空間很大，其實跟他們的棲息地差異不大。並不是完全自由，但他們能在這個人為的場域想辦法找到最自然的生存方式。有點像我在被監禁時做的事。

我最喜歡看小熊吃午餐的模樣，咀嚼時還發出各種聲音。我完全能體會到他們的愉悅。

隔天，我們搭上即將帶我們到知名大峽谷的火車，這條路線在冬季會有一輛極圈特快車帶孩子去找聖誕老人。車程要好幾個小時，但他們準備了許多娛樂節目。上車前，有一些強盜表演了個西部荒野秀，這些強盜稍後在火車上會洗劫我們。好笑的是，如果你想被搶劫，你得把錢放在強盜看得見的地方。我決定不要被搶劫。記得小時候到諾氏草莓樂園玩時，我都好害怕強盜會跑上遊園火車。我以為他們是真的強盜。知道他們不是真的讓我很安心，不過現在他們的演技有點太不真實了。

我認為，以前的自己可能會對這些強盜產生過度的反應，也或許不會，很難說。我沒辦法告訴你是哪一件事使我變好，甚至沒辦法解釋為什麼我對許多事不再恐懼。我能確定的是，我獲得了世界上最棒的治療，我有世界上最棒的治療師，而她身邊有最棒的團隊提供協助，我有最棒的家人和朋友。儘管我曾歷經一些非常不幸的事件，我並不認為自己是個不幸的人……好吧，大多時候我不會這麼想。壞事仍會發生，就像有一次我貼著「冰火貼布」睡了一整夜，結果就把自己的背凍傷了。隔天早上我把它撕下來，凍傷得很嚴重，我痛不欲生。這種傻事就是會發生，每天都發生在我們的生活周遭。無論新舊，我只能用意志力將這些狀況一一解決。也會有新挑戰，例如一開始珍幫助我學習各種生活技能，讓我能夠獨自處理各種事物。我沒辦法輕易解釋為什麼我恢復了，「想要變好」的想法很有幫助，我想要出去看看世界，拜訪類似猴河、愛爾蘭和大峽谷等各種地方。我想要去看、去做所有我做得到的事。

我們下火車轉乘巴士到大峽谷。我幸運地坐到靠窗的座位，因此我看大峽谷的第一眼沒有被任何東西擋住。我記得當時我正想著：為這個地方取名的人真是取對名字了。它真是大得無法用文字表達。美麗的色彩遍布在不同岩層之上，看起來就好像一幅畫。老實說，我覺得它看起來很不真實，巨大到非常不真實。

我們走一條小徑下到峽谷內部。我記得有個男孩對我的鞋子有點意見，他認為穿這種鞋子不適合走路。我不認同他的觀點，我說我的SKECHERS便鞋穿起來很舒服，也足以勝任這趟行程。他對鞋子顯然什麼都不懂。

緹娜阿姨很渴望在大峽谷看日出，我也有點想看，但我不想那麼早起床。她贏了，我們安排一台計程車在清晨四點來接我們去看日出。我們的計程車司機想知道我們對海水淡化的議題有什麼想法，但清晨四點我實在昏昏欲睡，無法集中精神思考。我很慶幸前一晚買了一件長袖運動衫，因為早上真是冷極了。計程車司機一眨眼就將話題從海水轉移到經典老車上頭，他說他喜歡修理經典款的老車，現在手上正在進行的是一輛一九八〇年出廠的「Honda Civic」。我記得我看著緹娜阿姨翻了個白眼，我心想：天啊，什麼時候一九八〇年的車也變經典了？哇，我真是老，或許我失蹤的時間比想像中的還久。突然間，一九八〇年出生的人已經變成古代人了——好吧，至少是經典。我感覺自己就像李伯大夢[24]一樣走進了一個全新的世界。儘管有時候我感覺自己有如活了一百萬年那般蒼老，但其實我才三十多歲！

我們終於抵達看日出的地點，在黑暗中被丟到一個四周一片空無的地方有點可怕。眼睛逐漸適應後，我們找到一個可以坐著等日出的地方。其他人也陸續出現並找到他們的位子。看來我們並非唯一想看日出的狂熱分子。天色漸亮後，我漸漸能看清周遭的景色，俯望峽谷讓我感到暈眩。我認為我看見了懸崖的邊緣，也看到了峽谷的底部。不過當光線再更亮一點時，我發現那並不是底部，峽谷的底部在更深更深的下方。日出很壯觀，真的值得犧牲睡眠去看。與我的阿姨共享這個特別的時光，感覺有如吃了一塊非常美味又完全不帶熱量的巧克力蛋糕。

我們的下一件樂事是搭直升機環繞大峽谷。我吃了我最信任的「導安錠」以防自己毀掉這次體驗。原先我以為直升機升空會很可怕，但其實跟我以前搭過的熱氣球感覺幾乎一樣。我們非常順暢地升空。我的女兒一開始有點緊張，但習慣之後就能享受其中了。飛行過程中，他們給我們戴上耳機，我們能透過耳機和彼此交談。飛行員播放了一些和飛行有關的音樂，例如法蘭克・辛納屈的〈與我翱翔〉（Come Fly with Me）、甜蜜射線的〈我只想飛〉（I Just Wanna Fly），以及U2樂團的〈高飛〉（Elevation）。有點俗氣，不過，嘿，我愛俗氣，也因此我最愛的電影就是《公主新娘》——再也沒有比那句「如你所願」和其他我能朗朗上口的台詞更俗氣的東西了。當你穿越樹林接近峽谷時，接下來的那首歌是……嗯，我不要真的講出來，但你知道那首有鼓聲伴奏的歌。它來自電影《二〇〇一星際漫遊》。好，總之在我們飛越峽谷時播了這首歌，那感覺就像你腳下的地板消失了，空氣全衝出肺部；像在墜落，但其實我們沒有墜落，那首歌仍在播放著，它使飛行感覺起來更具有戲劇感。回神過來，我想起自己還在天空上，環視四周，多棒的景色。遠方有暴風雨，真的可以看見雨水落下的樣子；峽谷底部的河水時隱時現，舉目所及之處都是美麗的景色。我們看見幾隻老鷹，或隼，正圍成圓圈乘著熱氣流飛行。有些岩層我們會直接飛越，有些需要爬升通過，甚至一度有另一架直升機飛近我們，之後才又往不同路線飛去。這整趟行程真的很酷，一個半小時的飛行結束後，我感到不捨。真的是一次很滿足又值回票價的體驗。我已經從空中看過大峽谷了，下一次我想要騎騾子探索底部。

24《李伯大夢》（*Rip van Winkle*）是美國小說家華盛頓．厄文（Washington Irving）的短篇作品，描寫一位名叫李伯大夢的樵夫在森林中喝醉酒睡著，醒來後世事已非的故事。

烤馬鈴薯

為什麼在街上看到街友時，我不願意多給他們一些錢？這是孩子們對我感到很受不了的一件事。好吧，其中一個原因是：我有點害怕他們。這是不理性的恐懼，因為我並不曾被街友傷害或綁架。我也知道，他們跟每個人一樣都有家人和自己的生活，他們只是掉進了難熬的處境中。我猜主要是因為，我有時候會覺得他們並沒有用最適當的方式運用那些錢。我沒辦法完全信任我不了解的事情。我會希望知道自己的錢被花在哪裡，被怎麼運用，或許我算是個控制狂吧。有些經驗會為你帶來正向的影響，而有些會使你想起最糟的事，這真的很難捉摸。

其中有那麼一次事件，後來對我產生了比想像中更大的影響，有一次，一個外貌姣好的男人問我能不能幫他買點日常用品。當時我正要進去沃爾格林斯賣場，我心想：好，我在公共場所，是安全的。為什麼不幫他一點忙呢？他看起來很無害。我跟他說，我願意付錢幫他買點東西。他跑去選了一些東西，我也去買我要買的，然後我們一起到櫃檯排隊結帳。當我正在為他買的那些東西結帳時，我看見他正在看擺在旁邊的雜誌。他突然從中挑出一本，然後說：「哇，這些孩子看起來真是成熟。」我聽了感覺很差，一整個不對勁，馬上浮現這個想法：天啊，我在幫一個戀童癖付錢買生活用品！離開櫃台我們馬上分開，我很快回到車子上，並在開車離開前把車門鎖好。誰知道他到底是不是戀童癖呢？真是令人毛骨悚然。這件事提醒我，別因外表評價別人，因為你沒辦法看出他真正的樣貌。即使相貌堂堂的人也可能藏著祕密。說真的，菲利普和南希看起來就像兩個正常人，但看看藏在他們背後那些骯髒的祕密！這種經驗讓我開始覺得所有的街友都是可怕的，不過從另一個角度我也了解到，即便外貌可怕，但他們其實沒有傷害我的意圖。

有一天蕾貝卡和我到超市去，有個髒兮兮的街友站在路上，向我們要錢買烤馬鈴薯。蕾貝卡把錢給了他。我跟她說：「他不會真的把錢拿去買烤馬鈴薯。」她說：「說不定他會。」他的外表真的讓我想起了菲利普，差別只在他的臉上有鬍子。因此，光是在他旁邊我就覺得很不舒服。然而，這只是我內心的投射，事實上我一點也不了解這個人，我只是從外表在評價他。這是我的錯！因為當我們走出超市時，他正在大口吃著從溫蒂漢堡買來的烤馬鈴薯。我錯了，這件事使我愧疚不已。我應該多付出一點嗎？我認為帶給我們所有人困擾的正是「該付出多少」這個問題。我知道我願意去做，但我用我自己的方式付出。

藉由JAYC基金會為許多家庭提供幫助帶給我很大的成就感。我們曾經幫助一個家庭從小孩遭到謀殺的創傷中復原，我們和過渡之家合作，透過「動物協助」計畫讓他們放輕鬆，幫助他們在遭受打擊之後重新找回彼此的連結。我認為，我們提供給這些家庭的幫助，其實就像一條剛從烘乾機拿出來的乾淨的、溫暖而舒適的毛毯，讓他們有安全感，因此得以將所有的情緒和感受釋放出來。我認為，每個家庭都需要協助和治療，藉此了解他們只是得接受新的日常規律，但終究還是會沒事的。

我覺得經營基金會也使我個人得到成長，當總裁可不像一般人說的那麼好。老實說，真的相當困難。拒絕別人真的很難，但我不可能幫助每一個提出申請的家庭。我們有一定的預算，必須對提出申請的家庭做全面的考量，再由董事會成員投票決定我們有沒有能力提供幫助。可以的話，我願意接下每個案子，但身為負責人，我了解做出選擇是我的責任。即便是總裁也無法完成所有的事，我很感激身邊的好朋友，以及這個歷經時間考驗的團隊在各方面的幫忙。擁有專攻某個領域的基金會感覺很棒，但有時候也會覺得相當困難。你很難為一個人們不太了解的觀念募集資金。日常生活中沒什麼人會用到「重新團結」（reunification）這個詞，但對於接受過我們幫助的家庭而言，這個詞會永遠受他們頌揚。他們了解經歷重大打擊後，保持家人間的團結是多麼重要的事。

「JAYC校園營隊」也變成基金會中很重要的一支。我認為教導孩子關心彼此是重要的事。我的妹妹在我被綁架後曾遭受霸凌，我回來之後才知道這件事，我對她曾歷經的事情感到非常難受。看到這個計畫今天能成功推動我很欣慰，現在我們在阿拉巴馬州和新罕布夏州都有了合作的學校。我認為能讓孩子們團結合作是一件很好的事。記得我的朋友菈內曾跟我說過一件事，有個女孩被綁架了四年之後，被找到並與父母重聚。聽起來似乎是個結局完美的故事。是的，我原本也這麼認為。不過後來，她的父母出於好意，讓小女孩回到原本的學校上學。學校裡的學生都知道小女孩被綁架的故事，他們或許是害怕的，但我不認為這能當作不斷霸凌這位小女孩的藉口。我思忖著，怎麼會這樣？如果我妹妹、這個女孩以及不知道還有誰都曾遇過這種事，怎麼沒有任何計畫輔導，或者任何曾遭受創傷的人到學校來討論這些事？因為我認為創傷發生時，不僅止於家庭，整個社區都會受到傷害。孩子受傷後，有時候會出現刻薄的攻擊行為，因為他們不知道有更適當的處理方式。「『讓我們主動關心他人！』校園營隊」就是因為我看到這種需求才誕生的。這是一連串有趣、以動物為中心設計的八周課程，我們藉由「小馬快遞」[25]的概念發想活動，整合關懷、憐憫、安全、調諧等主題，兼具樂趣與學習，是個兩全其美的方法。

我們也針對那些習於慣例的執法人員設計課程。我認為就我的事件而言，是出於有太多因循慣例的做法才導致失職。「JAYC LEO」這個計畫主要是提供警員、巡警等各類公務人員一個機會，讓他們發現自己習於慣例的傾向，並擺脫這件事。看警員們和馬一起活動很有趣，他們大多沒有和馬相處的經驗，這件事確實將他們推出了舒適圈。這也讓他們更願意傾聽別人說話，因為他們不想被馬踩到。我們也會花時間談論「自我照顧」的議題，因為就如我一直提到的，唯有照顧好自己之後，你才有能力關懷他人！我們的團隊非常擅於舉辦這些工作坊，這也是基金會中最讓人有成就感的部分，因為你能從學員的反應中了解，他們正在從自己從事的工作裡尋找新的可能性。這是一個充滿希望的轉變，重新激起他們執行任務的士氣。我們必須知道：他們從事的是世界上最艱苦的職業之一。

25 小馬快遞（Pony Express）為一八六〇年電報系統完工前的一種利用快馬傳遞郵件的系統。東起密蘇里州，西至加州，全長兩千九百公里，共設一五七個驛站，由騎手接力騎快馬傳遞郵件。

請將起司遞給我

舊金山的植物園是菲利普和南希少數帶我們外出旅行的其中一個地點。對一般的旁觀者而言，我們看起來應該就像一個在公園長凳上野餐的平凡家庭。其實，我們一點都不平凡，而且菲利普帶我們去那裡其實別有用心。他覺得那是一個適合傾聽「原力」的好地方。「原力」指的就是他聲稱自己能聽見的那些天使。顯然公園裡的大型風力發電機是那些聲音的完美接收器。我一直認為他是《星際大戰》看太多了才會產生「原力」這個想法。他要我們輪流戴上頭戴式耳機，看看是否也聽見——那個聲音。

所以，假如你曾經行經一張有人戴著頭戴式耳機的桌子，沒錯，你看到的可能就是我們。我總是覺得很丟臉。儘管不是全然的自由，我也想好好享受那小小的自在，呼吸戶外的新鮮空氣。至少沒輪到女兒們聽時，她們可以在附近玩耍。他古怪的行為是我們日常的一部分，儘管我們會趁菲利普和南希不注意時對彼此翻白眼，但我們知道不能做出其他越界行為。這一類的外出的時間會延續一至幾個小時不等。

南希總是那個聽得見聲音的人，我在想是不是跟她出門前有抽大麻有關。總而言之，每個人都會臆測，臆測那天的我們只是普通家庭，外出做每個人平時都會做的事。我不怪任何人有這種推想。我們都會臆測，這讓我也反思著自己曾為見過的事做過什麼假設。多數人花了一百萬年也不會猜到那是一個神經病和他的瘋子老婆，而我們是他們倆的囚犯。這有一部分算是我的錯，但有些時候，你熟悉的魔鬼會比未知的魔鬼來得好。我希望這個小故事能讓你有所體會。只要我們在生活中多「主動關心他人」一點，或許就能讓某一個，或某一些人早一點得救。

我的核心夥伴

我曾反覆思索：我該怎麼為這本書收尾？好幾個月來都沒找到答案，然後我才領悟到其中的原因：我的生命還沒有結束！假如我還有很多想要體驗的事物，那我如何能結束這本書？我還沒碰過冰山的尖角呢——老實說，這聽起來真的很有趣，或許我應該找一天去南極做這件事。不過，每本書都需要有一個結論或什麼的，我該寫什麼呢？我還想說什麼呢？我看了看四周……

我的貓咪艾瑪正躺在身邊的沙發上。仔細想想，每天我坐在這裡寫作時，他都在那裡。然後是賽爾達，她每天晚上都在床上等我去睡覺，她總要睡在我旁邊。我最忠心的公牛正在他的床上打瞌睡，但我知道只要五點一到，他就會變身成擾人先生，開始央求要吃晚餐。我會拖延一下，因為我想再多寫一個段落，但他會用那美麗碩大的棕色眼珠子盯著我，抖動龐大的身軀，壓力實在太大了。他贏了，晚餐時間到。他們是我最忠實的核心夥伴，從不批判，而且始終陪伴著我。即使去世之後仍是。

最近我失去了一隻從我們被監禁的後院帶回來養的貓。他的名字叫「小鼠」，當時和我一拍即合。幾個月前，他的體重急遽往下掉。這件事很奇怪，因為他都會把食物吃光光，但看起來還是很瘦。撫摸他時，我都感覺得到他的脊椎。我也留意到，除了毛團之外，他的嘔吐物還有很多其他的東西。我帶他去看獸醫，心想大概是一些不好的寄生蟲造成的，我覺得獸醫一定能夠幫助他。現在我能帶寵物去看獸醫了，這件事真的讓我很安心。我不必再擔心他們是否生病，然後央求菲利普讓他們進到屋子裡。獸醫做了檢查，他認為他的腹部有個腫塊，並對此有些憂慮。他建議立即照X光。是寄生蟲嗎？我提問。他不認為那是寄生蟲，他覺得小鼠的腸道某處阻塞了。我們照了X光，他說腸子裡有東西，但沒有做探知手術的話無法確認那是什麼。哇，等一下！動手術？原本我只是想來拿點寄生蟲的藥，你現在跟我說你想動手術？他說可以先做超音波，但會有點貴。我說，好吧，我們做超音波。我不想讓我的貓被剖開檢查，聽起來很可怕。他要我先帶小鼠回家，把他和其他的貓隔開，觀察大小便的狀況。他一旦準備好超音波設備就會跟我聯絡。我就帶他回家了。

隔天，我在騎馬的時候接到獸醫的來電，他們為他做了血液檢測，檢測報告看起來沒什麼問題。我感覺他似乎有其他事想跟我說。他說在超音波檢查前，他想再照一次X光。我再把小鼠帶過去，照了X光，這次獸醫的表情讓我非常擔心。我人生中最討厭這種事了。有時候別人的表情會透露一切訊息，之前獸醫要我決定是否要將我的馬艾德安樂死的時候，就是這種表情。醫生看著我，跟我說最好還是做一下探知手術。我不想回答。我知道我該做選擇。我可以現在就帶他回家。有一部分的我真的很想這麼做。我不想面對現實。我想無視我的愛貓身體不舒服這件事，繼續過生活。然而我不能這麼做，我發現自己說了「好」，一個簡單的字，卻對我的一生造成長遠的影響。我抱起我的貓咪，跟他說我要暫時把他留在這裡，但很快就會來接他。那天離開時，我的寵物袋是空的。獸醫說手術需要進行好幾個小時，有進一步的消息他會再通知我。離開前我簽了文件。直到那時候，我才知道有這種可怕的文件：假如獸醫覺得需要，我允許他為他做安樂死。我雙眼呆滯地簽下了那份文件。

離開後，我去辦了幾件雜事。我的小女兒和她的醫生有約，我帶她去看診。電話響起的時候，我正要去買一些寵物的必需品。是獸醫打來的，他說小鼠的胃裡有個非常大的腫瘤，已經擴散到膽囊了。它真的太大了，大概已經沒有希望，他覺得很遺憾。沒有希望？你在說什麼東西？他說：很抱歉，但你的貓已經救不活了。我說：我能去和他道別嗎？他說此刻讓他清醒反而會讓他飽受折磨。我不想看他受苦。你必須同意我讓他安息，他說道。你這個混蛋，你想殺死我的貓！我腦中這麼想。在那一刻，我恨透這個男人，他說的話全是謊言。我要否認一切。然而，他說的是事實，從他的聲音中我也聽見憐憫的心。他也很不願意通知我這個消息。我感到呼吸有些困難，很努力才氣若游絲地吐出答案。他又問了一次。好的，我說，好的，結束他的痛苦吧。我馬上過去，我說，然後掛上電話。我的女兒聽見了整段對話，她問我「你還好嗎？」。我知道她也很難過，我希望她能理解我的決定。我正在開車，但我把空出的手伸過去握住她的手。

我的雙眼裡浸滿淚水，無法好好地開車。我把車開到獸醫的小診所前，努力振作精神，儘管他已經離開了，我還是想和他道別。獸醫讓我看了他的屍體，看見沒有生命的他讓我很難過。我把手放在他的身上，跟他說我會遵守承諾帶他回家。

當天傍晚我到處翻找鐵鏟，我要把小鼠埋在一個我已經選好的適當地點。該死的鐵鏟到底在哪裡？我大吼。我到處都找不到鐵鏟，愈來愈生氣。我最終找到了一把劣質的鐵鏟，然後開始挖土。挖土這件事也讓我很火大。當時距離感恩節只剩一天了，因此緹娜阿姨和我最好的朋友都在。我並沒有一顆感恩的心。我很火大，因為我正在為我那隻只是感染寄生蟲的貓挖這個該死的洞，可惡！為什麼他不能只是感染寄生蟲？我帶他去看獸醫，是希望他好起來，但他現在卻死了，這個事實纏繞在我腦中。我一邊挖土，一邊流眼淚，婕曦和女兒們過來想要幫忙，我只是不斷說著：「我不想挖這個該死的洞。」不久之後，我的怒氣藉由鐵鏟和那個愚蠢的洞發洩出去，感覺舒服了一點，他們輪流過來幫忙又讓我更加恢復。我把他的屍體輕輕放進洞裡，然後我們用土將它埋掩起來，我用石頭在上面堆成一個圓。我說再見。可是我真的不想道別。

我曾想過是否要把這個故事寫到書裡，因為這還是一個很新的記憶，而且很傷我的心。不過小鼠是我最好的貓咪朋友，我希望能永遠記得他為我生命帶來的歡笑。他是我的浴室好夥伴，他總愛跟我一起進浴室，然後舔舔我的手。我好想念這一切。他有個弟弟叫做泰森，跟他長得很像，毛色稍淺了一點，不過在黑暗中看起來一模一樣。看到他很難不想起小鼠，有時候我會因此傷感，不過他們的個性很不一樣。

我很幸運，我的生命中有這麼多動物朋友，他們的樣貌、大小、顏色都不同，各有各的

賽爾達、艾瑪、泰森和小鼠（上）
小鼠正在親吻賽爾達（下）

個性。不過共通點是，他們都用自己的方式讓我感覺自己被需要和被愛。他們每一個都在我的核心圈子裡。我確信這個圈子未來會再成長，但有時候它也會縮小。我的人生始終有著動物相伴。還是小嬰兒時，祖母那隻灰色的波斯貓「糖糖」會來嬰兒床溫暖我的頭部；三歲時我得到第一隻貓「小鏞斑」，不知道為什麼，他最喜歡在我的嬰兒馬桶裡休息。感謝老天，我已經不再用它了，我當時已經是個學習著如何使用「大女孩馬桶」的大女孩了。

這本書的尾聲並不是真的結局，因為我的人生還會繼續下去。儘管歷經各種艱困的、傷心的、糟透了的時光，人生還是會繼續下去。每個時刻都教會我一些事。我對此並不感激，但我接受它發生的事實。儘管已經離得很遠了，我知道它仍會一直在那裡，存在於我的生命、意識或回憶之中。我會繼續學習、成長，幫助那些我有能力幫助的人。這就是我重建人生的方式，累積每一個片刻，一天一天來。這就是我有好有壞的俗氣人生，我總是盡力讓自己做到最好，過好我被賦予的這段人生。我的冒險會繼續下去，我希望你的也是！

國家圖書館出版品預行編目資料

自由:我生命中遲來的第一次⋯⋯ / 潔西．杜加（Jaycee Dugard）著 ; 謝濱安譯 . -- 初版 . -- 新北市 : 自由之丘文創 , 遠足文化 , 2017.8

面； 公分 . --（NeoReading ; 35）

譯自：Freedom: my book of firsts

ISBN 978-986-94238-8-5（平裝）

1. 杜加（Dugard, Jaycee） 2. 傳記

785.28 106011938

NeoReading 35

自由：我生命中遲來的第一次⋯⋯

作　　者　潔西．杜加（Jaycee Dugard）
譯　　者　謝濱安
責任編輯　劉憶韶

副總編輯　劉憶韶
總 編 輯　席　芬
社　　長　郭重興
發行人兼出版總監　曾大福
出 版 者　自由之丘文創事業／遠足文化事業股份有限公司
email: freedomhill@bookrep.com.tw
發　　行　遠足文化事業股份有限公司
231 新北市新店區民權路 108-2 號 9 樓
電話 02 2218 1417　傳真 02 8667 1065
劃撥帳號：19504465　戶名：遠足文化事業股份有限公司

印　　製　卡樂彩色製版印刷有限公司
法律顧問　華洋法律事務所　蘇文生律師
定　　價　300 元
初版一刷　2017 年 8 月
I S B N　978-986-94238-8-5
Printed in Taiwan